재미있다!
한국사

교과서 핵심을 담은 한국사 현장 수업
재미있다! 한국사 5

2015년 10월 30일 초판 1쇄 발행
2025년 7월 31일 초판 13쇄 발행

글	구완회
그림	심차섭

펴낸이	염종선
책임편집	정편집실 이하림
디자인	반서윤
조판	박지현
펴낸곳	(주)창비
등록	1986. 8. 5. 제85호
제조국	대한민국
주소	10881 경기도 파주시 회동길 184
전화	031-955-3333
팩스	031-955-3399(영업) 031-955-3400(편집)
홈페이지	www.changbikids.com
전자우편	dongmu@changbi.com

ⓒ 구완회, 심차섭 2015
ISBN 978-89-364-4663-5 74910
ISBN 978-89-364-4960-5(전6권)

* 이 책 내용의 일부 또는 전부를 재사용하려면 반드시 저작권자와 창비 양측의 동의를 얻어야 합니다.
* 책값은 뒤표지에 표시되어 있습니다. * KC마크는 이 제품이 공통안전기준에 적합하였음을 의미합니다.
* 사용 연령: 5세 이상 * 종이에 베이거나 긁히지 않도록 주의하세요.

재미있다! 한국사 5

구완회 글 ● 심차섭 그림 ● 염복규 감수

창비

머리말

현장에서 배우는 우리 역사

"역사란 무엇일까요?"

여러분 또래의 친구들에게 역사에 대해 강연할 때 단골로 하는 질문입니다. 뜻밖의 질문에 당황한 탓인지 대개는 서로 눈치 보기 바쁘지요. 그러다 한 아이가 손을 번쩍 들고 대답합니다.

"옛날에 일어났던 일요."

"옳지. 그런데 옛날에 일어났던 일이 모두 역사일까?"

"음, 그중에서도 중요한 일요!"

"오, 그래! 그런데 뭐가 중요한 일이고 뭐가 안 중요한 일이지?"

"……."

보통 이쯤 되면 말문이 막히고 맙니다. 그러면 제가 대답하지요.

"역사적으로 중요한 일이란 사람들의 삶에 영향을 끼치고 시대 흐름을 바꾼 사건들을 말해. 단군이 고조선을 세운 뒤부터 사람들은 한반도에서 나라를 이루어 살게 되었어. 철로 농기구를 만들면서 곡식을 많이 거두게 되어 사람들의 생활이 풍요로워졌지. 또 고려 때 무신의 난이 일어나자 전국에서 농민과 노비가 잇따라 난을 일으켰고. 조선이라는 나라가 세워지고 유교를 국교로 삼자 사람들의 일상생활도 차츰 변했단다. 그런가 하면 6·25 전쟁은 오늘날 남과 북이 갈라지는 데 결정적인 영향을 끼쳤고 말이야. 이렇게 사람들의 삶과 시대의 흐름을 바꾼 사건들이 모여서 역사를 이루는 거란다."

그리고 두 번째 질문을 합니다.

"우리는 왜 역사를 배워야 할까?"

"시험을 봐야 하니까요!"

순간 "와!" 하는 함성과 함께 웃음이 터져 나옵니다.

"이런, 시험을 보기 위해 역사를 배우는 게 아니야. 역사가 중요하기 때문에 학교에서 역사를 배우고 시험까지 보는 것이지. 방금 전에 시대 흐름을 바꾼 사건들이 모여 역사를 이룬다고 했지? 그러니까 역사를 알아야 지금 우리가 사는 세상이 왜 이런 모습이고, 앞으로 어떻게 변해 나갈지 알 수 있는 거야. 좀 더 나아가 생각해 보면 우리가 원하는 세상을 만들기 위해 무엇을 해야 하는지도 알 수 있을 테고."

고개를 끄덕이는 아이들이 생깁니다.

"그럼 역사를 어떻게 공부하는 것이 좋을까? 여기에는 여러 가지 방법이 있어. 그중에서도 역사 현장을 찾아가 유물과 유적을 직접 보는 방법을 추천하고 싶단다. 교실에서 배우는 것과는 비교할 수 없이 생생한 역사를 몸소 느낄 수 있거든. 현장에서 만나는 역사는 글로만 배우는 것보다 더더욱 실감 나고 머릿속에 오래오래 남는단다."

그러고 나서 역사 현장과 유물, 유적 사진을 같이 보면서 강연을 이어 갑니다.

자, 그럼 지금부터 여러분도 저와 함께 역사 현장으로 떠나 볼까요?

2015년 3월
구완회

차 례

머리말 _ 현장에서 배우는 우리 역사 • 4
등장인물 • 11

1부 조선, 세계를 향해 문을 열다

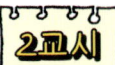
근대의 시작, 새로운 문물의 수용과 자주독립 _독립기념관

조선아, 문 열어라! 서양 근대 납신다 • 16
프랑스와 미국을 물리치고 일본에 무릎 꿇다 • 20
조선을 집어삼킨 근대의 물결 • 23

우리는 어떻게 나라를 되찾았나, 독립기념관 • 26

이상한 배 '이양선'과 흥선 대원군 _운현궁

'상갓집 개' 이하응의 위장 전술 • 30
흥선 대원군의 빛과 그림자 • 34
이상하게 생긴 배가 출몰하다 • 36
나라의 문을 닫은 흥선 대원군 • 39

왕실의 생활 유물까지 한눈에, 운현궁 • 44

드디어 나라의 문이 열리다 _강화도

조선과 서양이 벌인 최초의 전쟁, 병인양요 • 49
미국과의 전쟁, 신미양요 • 53
화해를 주장하면 나라를 파는 것 • 57
운요호 사건과 강화도 조약 • 59

강화도 조약을 맺은 일본 대표의 극비 보고서 • 63

2부 근대 국가를 세우기 위해

4교시 신식이냐, 구식이냐? 임오군란과 갑신정변 _ 우정총국

별기군만 군대냐? 우리도 군인이다! • 69
조선을 둘러싼 힘센 나라들의 불꽃 대결 • 73
총칼을 들고 일어난 급진 개화파 • 76
삼일천하로 끝난 갑신정변 • 80

우리나라 최초의 우체국, 우정총국 • 82

5교시 못 살겠다, 갈아 보자! 동학 농민 운동과 갑오개혁 _ 전주역사박물관

동학 농민들, 탐관오리를 처단하라! • 86
고부에서 일어나 전주에서 승리하다 • 91
녹두꽃이 떨어지다 • 95
근대의 문을 연 갑오개혁 • 98

가상 인터뷰! 녹두 장군 전봉준을 만나다 • 101
전주의 역사를 만나다, 전주역사박물관과 국립전주박물관 • 102

6교시 우리 근대화는 우리 힘으로! 고종과 대한 제국 _ 황궁우

나는 조선의 국모다! • 107
늑대를 피하니 호랑이가 달려드네 • 110
고종, 대한 제국을 선포하다 • 114
자주독립은 자주적인 근대화부터 • 117

궁금하다, 경인선을 둘러싼 의문들! • 119
대한 제국의 중심, 근대화의 중심! 덕수궁 • 120

 **7교시 전깃불에 놀라고 양탕국에 빠지다** _ 건청궁

전화 한 통에 큰절 네 번 • 125
양과자 먹고, 양탕국 마시고 • 127
학교를 세우는 데는 남녀노소가 따로 없다 • 132
학교 종이 땡땡땡 • 134
서양식 옷차림이 유행하다 • 137
100년 전 학생들의 배움터, 배재학당역사박물관 • 138

3부 일제 강점기의 시련 속에서

 **8교시 하늘도 땅도 사람도 울던 날** _ 중명전

러일 전쟁, 뜻밖의 승부 • 145
돌아오지 못한 헤이그 특사 • 148
일본의 역습, 고종이 물러나고 군대가 해산되다 • 151
대한 제국, 역사 속으로 사라지다 • 154
대한 제국의 운명이 갈린 곳, 중명전 • 156

 **9교시 조선의 땅도 쌀도 회사도 일본의 것!** _ 부산근대역사관

토지 조사 사업의 두 얼굴 • 161
쌀을 더 많이 빼앗기 위한 산미 증식 계획 • 162
물가는 오르고, 수입은 줄고 • 168
식민지 근대화의 빛과 그림자 • 170
조선으로 이주할 일본인을 모집합니다! • 173
100년 전 부산 거리 산책, 부산근대역사관 • 174

 ### 3월 하늘에 울려 퍼진 대한 독립 만세! _서대문형무소역사관

전국으로 퍼져 나간 의병 운동 • 178

힘을 키우자, 인재를 기르자 • 181

마침내 3·1 운동! • 183

대한민국 임시 정부가 태어나다 • 189

생생히 체험하는 일제의 만행, 서대문형무소역사관 • 192

 ### 3·1 운동 이후의 독립운동 _독립기념관

총에는 총, 칼에는 칼! 무장 투쟁 • 196

윤봉길 의사, 중국 백만 대군이 못 한 일을 하다 • 199

학생도 농민도 노동자도 한뜻으로 • 202

민족의 혼을 지켜라! • 206

가상 인터뷰! 을밀대에 올라간 여성 노동자 강주룡 • 209

 ### 전쟁은 일본이, 고통은 우리가 _수요 집회

또 한 번의 세계 대전이 일어나다 • 212

숟가락에 요강까지 싹싹 긁어라 • 214

우리의 말과 글, 이름까지 빼앗기다 • 216

살기 위해 나라를 떠난 사람들 • 218

전쟁과 폭력 없는 세상을 위해! 전쟁과여성인권박물관 • 222

찾아보기 • 225   참고한 책과 사이트 • 228   사진 제공 • 229

'재미있다! 한국사' 시리즈에 자문해 주신 선생님들 • 230

일러두기

1. '재미있다! 한국사' 시리즈는 새롭게 바뀐 초등학교 사회 교과서 역사 영역을 반영해 만들었습니다. 본문에 표시와 함께 삽입한 글은 교과서의 주요 내용을 발췌·요약·정리한 것입니다.
2. 띄어쓰기와 맞춤법은 국립국어원 표기 원칙에 따랐습니다.
3. 이 책에 나오는 외국 인명, 지명 등은 국립국어원 외래어 표기법에 따라 표기했습니다. 단, 중국의 지명은 독자 이해를 돕기 위해 한자를 우리말로 읽어 주고, 꼭 필요할 경우에만 괄호 안에 국립국어원 외래어 표기법에 따른 지금의 지명을 써넣었습니다.
4. 본문에 나오는 책의 제목이나 신문 이름에는 『 』를, 그림이나 노래 같은 예술 작품의 제목에는 「 」를 붙였습니다. 단, 그림이나 사진 설명 글에서는 예외를 두었습니다.

등장인물

답사반 대장 '구쌤'

'재미있다! 한국사' 답사반 대장이자 한국사 현장 수업을 진행하는 역사 선생님. 어린아이처럼 천진난만하고, 장난기 넘치며, 흥이 많아 유쾌 발랄하다. 하지만 역사 이야기를 들려줄 때만큼은 누구보다 진지하다!

성실 대원 '고미'

답사반에서 둘째가라면 서러울 정도로 성실한 곰. 먹는 것을 좋아해 가방 안에 음식을 잔뜩 넣어 다니며, 아는 것이 많고 호기심도 많다. 인터뷰를 도맡아 하며, 퀴즈 내기를 좋아한다.

나대로 대원 '뿌기'

음악 듣기를 좋아해 늘 헤드폰을 쓰고 다니는 거북. 남들이 뭘 하든 크게 상관하지 않지만, 관심 있는 것이 있으면 불현듯이 나타나 누구보다 열심이다.

열심 대원 '로기'

무슨 일이든 적극적으로 참여하고 행동하는 사슴. 눈치가 빠르고 똑똑한데 아는 체를 좀 하는 편이다. 고미와 쿵짝이 잘 맞는다.

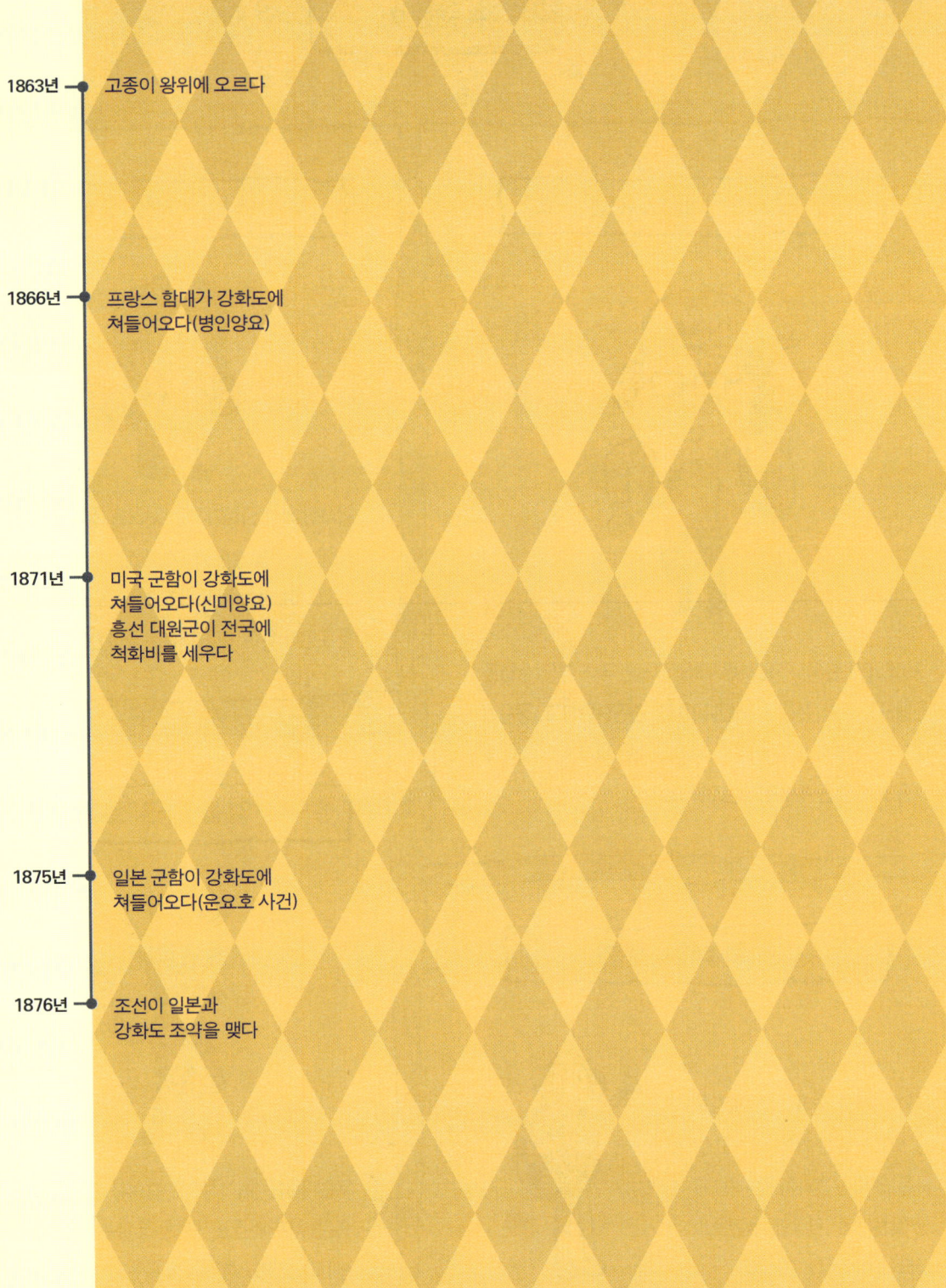

1863년 ● 고종이 왕위에 오르다

1866년 ● 프랑스 함대가 강화도에
          쳐들어오다(병인양요)

1871년 ● 미국 군함이 강화도에
          쳐들어오다(신미양요)
          흥선 대원군이 전국에
          척화비를 세우다

1875년 ● 일본 군함이 강화도에
          쳐들어오다(운요호 사건)

1876년 ● 조선이 일본과
          강화도 조약을 맺다

1부

조선, 세계를 향해 문을 열다

1교시 | 근대의 시작, 새로운 문물의 수용과 자주독립 _ 독립기념관
2교시 | 이상한 배 '이양선'과 흥선 대원군 _ 운현궁
3교시 | 드디어 나라의 문이 열리다 _ 강화도

1교시
근대의 시작, 새로운 문물의 수용과 자주독립

독립기념관

이곳에서는 우리 민족의 가슴 아픈 역사를 둘러볼 거야.

> 세도 정치 탓에 조선은 혼란에 빠져들었어. 그런데 하필 이때 영국과 프랑스, 독일과 러시아 등 서양의 힘센 나라들과 이웃 나라 일본까지 조선을 집어삼키려고 쳐들어왔어. 게다가 새로운 문물까지 쏟아져 들어와 큰 변화가 생겼어. 이러한 혼란 속에서도 조선 사람들은 자주독립을 위해 노력했단다.

여러분, 안녕? 오늘부터 『재미있다! 한국사』 5권의 시작이야. 여기는 천안에 있는 독립기념관 앞이고. 저 거대하게 솟은 탑은 '겨레의 탑'이야. 하늘로 날아오르는 새의 날개와 기도하는 양손의 모습을 표현했다고 해. 탑 앞에 서니 왠지 숙연한 느낌이 들지 않니? 우리가 일제(일본 제국주의)에 나라를 빼앗기고 다시 찾기까지 겪었던 험난한 세월도 떠오르고 말이야. 그러니까 여기서는 더욱 정숙한 분위기를 유지해야 해. 전시관 안에서 떠들거나 장난은 금물!

독립기념관에서는 조선이 나라의 문을 열기 시작한 때부터 일제 강점기를 거쳐 8·15 광복에 이르기까지, 우리 민족이 겪은 시련의 역사를 생생하게 볼 수 있어. 우리가 5권에서 함께 공부할 내용도 바로 이 시기의 역사란다.

본격적으로 수업을 시작하기 전에 4권에서 배웠던 내용을 간단히 되짚어 볼까? 우리는 지난 시간까지 임진왜란과 병자호란 이후 조선 사회의 새로운 움직임에 대해 살펴보았어. 두 전쟁이 끝난 후 조선은 거대한 변화를 겪었지. 어떻게?

우선 농업 기술이 발전하면서 생산력이 늘어나고 상공업이 발달했어. 그러자 신분 제도가 흔들리고 서민 문화가 꽃을 피웠지. 서양의 문물과 과학 기술, 종교까지 들어와서 변화를 부추겼어. 그 결과는? 백성들의 실생활에 도움을 주기 위해 실학이 태어나고, 서학에 대항하는 동학이 생겼지. 하지만 정조의 죽음 이후 등장한 세도 정치 때문에 백성들의 생활은 더욱 어려워지고, 결국 가난한 농민들이 봉기를 일으키게 되었단다.

조선아, 문 열어라! 서양 근대 납신다

우리가 5권을 통해 배울 역사는 바로 이다음부터야. 세도 정치 이후 서양 세력의 침략을 받은 조선이 결국 일본의 식민지가 되었다가 광복을 맞기까지의 과정이지. 식민지란 다른 나라한테 주권을 빼앗기고 지배를 받는 나라를 가리켜.

그럼 지금부터 독립기념관을 천천히 둘러보면서 하나씩 설명을 해 볼게. 우선 아까 보았던 '겨레의 탑'을 지나면 커다란 기와집을 만나게 돼. 이 집의 이름은 '겨레의 집'으로 축구장 하나가 들어갈 만큼 어마어마하게 넓단다. 그런데 이 넓은 곳에 거대한 태극기와 조각상 하나만 덩그러니 자리 잡고 있네. 이 조각상의 이름은 '불굴의 한국인상'이야. 텔레비전에서 애국가가 나올 때 단골로 등장하는 조각상이니 아마 눈에 익을 거야. 울퉁불퉁한 근육질의 남녀노소가 모여서 한 방향을 가리키는 모습이 무척 힘차 보여. 어떤 어려움도 극복할 수 있을 것만 같지?

그런데 너무 휑한 것 아니냐고? 외세의 침략부터 광복까지의 우리 역사를 보여 준다는 유물들은 모두 어디 있는 걸까? 놀라지 마. 이 건물은 독립기념관의 입구에 불과해. 이 뒤로 전시관들이 7개나 더 이어져 있거든. 그렇다고 겁먹을 필요는 없어. 그래 봐야 전체 넓이는 국립중앙박물관의 절반도 안 되니까 말이야.

불굴의 한국인상

독립기념관의 제1전시관은 '겨레의 뿌리'라는 이름이 붙어 있어. 선사 시대부터 조선 후기까지의 역사를 '국난의 극복'이라는 주제에 맞춰 보여 주고 있지. 수나라와 당나라의 침략을 막아 낸 고구려의 산성, 몽골의 침략을 부처의 힘으로 막기 위해 만들었던 고려의 팔만대장경, 임진왜란을 승리로 이끈 조선의 거북선과 화포 등이 보여.

　그러고 보니 우리나라는 옛날부터 침략을 참 많이도 당했네. 이렇게 침략을 많이 당한 것은 우리나라가 중국 대륙과 섬나라 일본 사이에 있기 때문이기도 해. 중국에 있는 나라가 힘이 커지면 우리나라를 침략했고, 일본도 힘이 커지면 우리를 못살게 굴었으니까.

좀 어려운 말로 하면 대륙 세력과 해양 세력의 사이에 있기 때문이라고 할 수 있지.

너무 억울한 것 같다고? 하지만 달리 말하면 대륙으로도 해양으로도 진출할 수 있는 유리한 위치라고 할 수도 있어. 역사는 그 나라의 위치뿐만 아니라 그 나라 사람들의 행동과 의지에 따라 얼마든지 달라질 수 있으니까 말이야.

이어지는 제2전시관은 '겨레의 시련'관이야. 조선 말기에 시작된 서양 세력의 침략부터 일제 강점기까지의 역사를 보여 주고 있지. 조선 말기에 외세의 침략으로 시작된 시련은 그 전과는 크게 두 가지 점에서 달라. 우선 역사상 처음으로 우리나라가 남의 나라에 직접 지배를 당했다는 것. 그 전에는 아무리 고려가 몽골에, 조선이 청나라에 항복했다 하더라도 직접 지배를 받은 것은 아니었어. 하지만 일제의 식민 지배를 받게 되면서부터 주권뿐 아니라 우리말과 고유의 이름까지 사라질 뻔했단다.

또 다른 차이는 이때부터 전 세계를 아우르는 '세계사'가 본격적으로 시작되었다는 점이야. 그 전까지 유럽, 아시아, 아프리카, 아메리카는 주변에 있는 나라들끼리만 영향을 주고받았어. 물론 고대에도 아시아와 유럽, 아프리카는 서로 교류했지만 직접적으로 영향을 끼치는 일은 드물었지. 그러다가 서양 세력이 조선의 문을 두드릴 무렵에는 이미 전 세계 모든 나라가 서로 영향을 주고받게 되었단다. 그러니까 이 시기의 한국사를 이해하기 위해서는 아시아뿐 아니라 유럽의 상황도 알아야 해. 안 그래도 어려운데 이것 참

골치 아프게 되었다고? 꼭 그렇게 생각할 필요는 없어. 이제부터 한국사가 더욱 흥미진진해진다고 볼 수도 있으니까 말이야.

프랑스와 미국을 물리치고 일본에 무릎 꿇다

'설상가상'이라는 말을 들어 봤니? 눈 위에 서리가 내린다는 뜻으로, 좋지 않은 일이 연달아 일어날 때 쓰는 표현이야. 다른 말로 '엎친 데 덮친다.'라고도 하지. 세도 정치로 조선의 힘이 빠질 대로 빠졌을 때, 설상가상으로 서양 세력이 조선을 넘보려고 했어. 이 당시 서양의 힘센 나라들은 전 세계에 자기 나라 물건을 팔려고 물불을 안 가렸거든. 이를 위해서 군대를 보내기도 했지. 영국, 프랑스,

미국뿐 아니라 일본까지도 말이야.

그나마 불행 중 다행인 것은, 서양 세력들이 본격적으로 군대를 끌고 우리나라에 오기 전에 세도 정치가 끝장났다는 사실이야. 조선 말기에 흥선 대원군이 등장해서 세도 정치를 펴던 안동 김씨 가문을 몰아냈거든. 흥선 대원군이 누구냐고? 그건 다음 시간에 자세히 설명하기로 하고, 먼저 '겨레의 시련'관에 있는 첫 번째 유물을 살펴보자.

이 비석의 이름은 척화비야. 흥선 대원군이 서양 세력과 싸울 것을 결심하고 전국 곳곳에 세웠던 비석이지. 흥선 대원군은 강화도를 침략한 프랑스와 미국 등을 물리치고 이 비석을 세웠단다. 아니, 그 당시 조선 군대가 세계 최강인 프랑스, 미국 군대를 물리칠 만큼 뛰어났다는 말인가? 아쉽지만 그건 아냐. 여기에 대해서도 다음 시간에 자세히 설명하기로 하고, 일단 교과서 내용을 살펴보자.

두 차례나 서양의 침략을 물리친 조선은 서양에 대한 경계심이 높아졌다. 흥선 대원군은 전국 각지에 서양과의 통상을 금지한다는 글을 새긴 척화비를 세워 서양과 교류하지 않겠다는 생각을 더욱 단호히 하였다. 조선은 통상을 거부하고 여러 차례 외침을 물리쳤으나 결국 개항을 하였고, 이후 근대 국가를 세우기 위한 여러 가지 노력을 하였다.

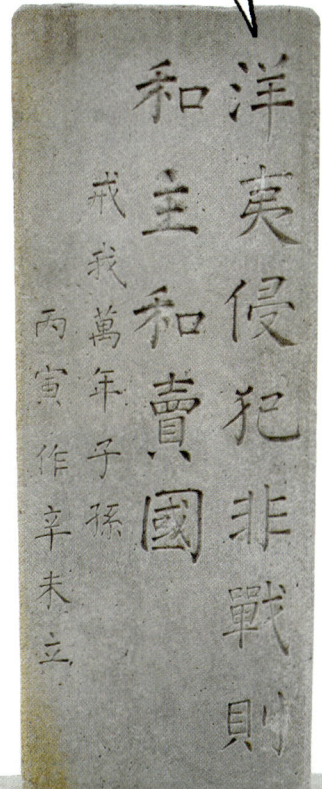

서양 오랑캐가 침범했을 때 싸우지 않는 것은 화해하자는 것이요, 화해를 주장하는 것은 나라를 파는 것이다.

척화비

 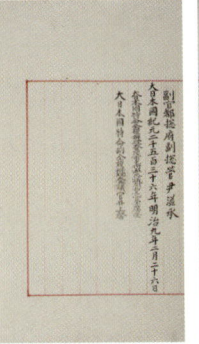 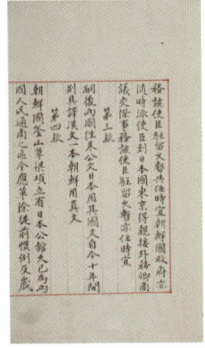  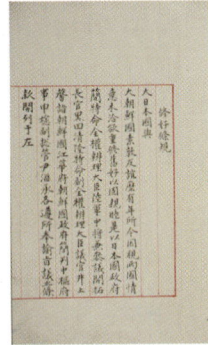

조일수호조규(강화도 조약) 문서

　척화비 옆으로 '조일수호조규(강화도 조약)'라고 쓴 문서가 보이니? 이게 바로 우리나라가 일본에 문을 열면서 맺은 조약이란다. 조선은 프랑스와 미국의 침략은 물리쳤지만, 끝내 일본에 굴복해서 나라 문을 열게 되었어. 그렇다면 당시 일본군이 프랑스나 미국 군대보다 군사력이 좋았다는 이야기인가? 물론 그것도 아냐. 여기에 대해서도 다음 시간에 자세히 설명해 줄게.

 근대 국가란 무엇일까?

근대 국가란 한마디로 말해서 국민의 국가야. 왕이 아니라 국민이 주인이 되는 나라지. 이런 나라는 서양에서 먼저 만들어졌어. 물론 지금도 서양에는 왕이 있는 나라들이 있지만, 왕은 형식적으로 있는 것이고 실질적으로는 헌법을 통해 국민들이 나라를 다스리고 있어. 서양의 나라들은 근대 국가가 되면서 산업이 발전하고 나라 힘이 세졌단다. 그래서 우리도 이런 근대 국가를 만들려고 노력했던 거야. 그러기 위해서 서양의 제도뿐 아니라 앞선 문물들도 받아들였지.

조선을 집어삼킨 근대의 물결

'조일수호조규' 문서 다음으로는 일본의 뒤를 이어 청나라, 영국과 맺은 조약서들이 보여. 이 조약들에 따라 받아들인 서양의 근대 문물도 전시되어 있네. 우선 눈에 띄는 것은 미국에서 의학 박사 학위를 받은 서재필이 사용하던 의료 기구. 뒤를 이어 우리나라 최초의 전화, 전차 등이 보이는군. 이것들의 공통점은? 모두 서양에서 처음 만들어졌고, 조선 사람들의 생활을 크게 바꾸었다는 것.

천연당 사진관 모형

이 밖에도 한국 사람이 세운 최초의 사진관인 '천연당 사진관'을 그대로 재현해 놓은 전시물이 있어. 그 옆에는 사람들이 사진관에 돌을 던지는 장면을 재현해 놓은 모형도 있단다. 여기엔 재미난 이야기가 있어. 당시에는 사진을 찍히면 혼이 빠져나간다는 소문이 돌았대. 그래서 사람들이 사진관에 돌을 던졌다는 거야. 하지만 얼마 지나지 않아 사람들은 자신의 모습을 간직하기 위한 초상 사진에 관심을 갖게 되었고, 사진 문화는 우리나라에 자리 잡을 수 있었지.

하지만 불행히도 서양 문물을 받아들여 근대 국가를 세우려는 노력은 실패로 끝나고 말았어. 무슨 이유 때문이었을까?

📖 일본은 오랜 기간 동안 치밀한 준비를 거쳐 대한 제국의 주권을 빼앗았다. 많은 사람들이 일본의 국권 강탈의 부당함을 널리 알리고자 하였다. 나라 잃은 슬픔에 자신의 목숨을 끊는 사람들이 생겼고 의병에 합류하여 힘으로 나라를 찾으려는 사람들도 늘어났다.

고종 황제

우선 새로 나온 단어부터 설명할게. 대한 제국은 조선의 26대 국왕이었던 고종이 새롭게 세운 나라야. 엄밀히 이야기한다면 이때 조선의 역사는 끝났고, 새롭게 대한 제국의 역사가 시작된 것이지. 천연당 사진관 모형 옆에 훈장을 주렁주렁 매단 사람이 보이니? 그가 바로 곤룡포 대신 서양식 제복을 입은 고종이야. 고종은 대한 제국을 선포하면서 왕에서 황제가 되었어(1897년).

고종이 대한 제국을 선포한 것도 근대 국가를 세우기 위해서였어. 상투를 자르고 서양 제복을 입은 고종의 모습을 보면 알 수 있지. 서양의 문물을 받아들이고 그들처럼 근대 국가를 만들겠다는 의지를 나타낸 거야. 하지만 고종은 제대로 된 근대 국가를 세우는 데 실패했고, 결국 대한 제국은 일본에 국권(주권과 통치권)을 빼앗기고 말았단다.

이어지는 우리 역사는 말 그대로 시련의 연속이었어. 전시된 유물들이 그대로 증언하고 있지. 총을 멘 일본 순사, 일본으로 실어가기 위해 쌓아 놓은 쌀가마니, 젊은이들을 전쟁터로 끌고 가는 모습, 독립투사들을 고문하던 서대문형무소까지, 무엇 하나 눈물 없이 보기 힘든 장면들이야. 그럼에도 우리 민족의 저항은 계속되었고, 결국 국권을 다시 찾아 광복을 맞이했어. 여기에 대해서는 다음 시간부터 차근차근 자세히 설명해 줄게.

다음 중 조선 말기의 상황에 대한 설명으로 틀린 것은?

① 조선은 프랑스와 미국의 침략은 막아 냈으나, 일본에 무릎을 꿇었다.
② 고종은 근대 국가를 세우기 위해 대한 제국을 선포했다.
③ 조선 사람들은 처음 보는 사진관에 돌을 던지기도 했다.
④ 고종은 척화비를 세우고 서양에 문을 여는 것을 막았다.

정답 | ④번. 척화비를 세운 것은 고종의 아버지인 흥선 대원군이야.

우리는 어떻게 나라를 되찾았나, 독립기념관

겨레의 집

　충청남도 천안에 자리 잡은 독립기념관은 이름 그대로 우리나라의 독립을 기념해서 지은 박물관이야. 1945년 일본으로부터 독립하고 40여 년이 흐른 뒤인 1987년에 문을 열었지. 왜 이렇게 오랜 시간이 흐른 뒤에야 독립기념관을 짓게 되었느냐고? 광복 직후에는 이런 역사 박물관을 지을 만한 여유가 없었거든. 게다가 1950년에 6·25 전쟁까지 일어나 다시 힘을 찾게 되기까지 그만큼 시간이 필요했던 거야.

　독립기념관을 방문하면 가장 먼저 눈에 띄는 것은 51미터 높이의 '겨레의 탑'이야. 하늘로 날아오르는 새의 날개 같은 형상은 우리 민족의 비상을 표현한 것이래. 겨레의 탑 뒤에 있는 푸른 기와집의 이름은 '겨레의 집'. 고려 시대 건물 중 하나인 수덕사의 대웅전을 모델로 만든 건물이야. 수업 시간에 보았던 '불굴의 한국인상'이 바로 이곳에 있어.

　겨레의 집을 나서면 저마다 다른 테마를 가진 7개의 전시관이 둥글게 이어져 있단다. 제1전시관인 '겨레의 뿌리'와 제2전시관인 '겨레의 시련'은 아까 수업 시간에 살펴보았으니,

여기서는 제3전시관부터 차례로 둘러보도록 하자.

'나라 지키기'라는 이름을 가진 제3전시관은 이름 그대로 나라를 지키기 위한 우리 민족의 노력을 담고 있어. 일본군과 직접 싸웠던 의병들, 한반도 침략에 앞장섰던 이토 히로부미를 살해한 안중근 의사의 모습 등을 볼 수 있단다. 제4전시관은 우리 민족의 최대 항일 독립 운동이었던 3·1 운동을 다루고 있어. 전시관의 이름도 '겨레의 함성'이란다. 3·1 운동의 준비 과정부터 전국 방방곡곡에 '대한 독립 만세!' 함성이 울려 퍼지는 모습까지 생생하게 볼 수 있어. 유관순 열사가 감옥에 갇혔을 때 찍은 사진도 전시되어 있지.

'나라 되찾기'라는 이름의 제5전시관에서는 국내외에서 총칼을 들고 벌인 무장 투쟁의 모습을 살펴볼 수 있어. 독립군의 피 묻은 태극기 옆에는 만주의 독립군 마을을 실감 나게 재현해 놓았어. 제6전시관인 '새 나라 세우기'에는 대한민국 임시 정부의 활약상이 펼쳐지고, 마지막 제7전시관인 '함께하는 독립운동'은 그 시절 독립운동을 직접 체험할 수 있는 공간이란다.

한국광복군 창립식을 재현한 모형(위)과 대한민국 임시 정부 인사들 모형(아래)

:: 알아 두기 ::

가는 길 천안역에서 독립기념관행 버스를 타면 25분쯤 걸려.

관람 소요 시간 전시관을 모두 둘러보려면 2시간 이상은 잡아야 해.

휴관일 매주 월요일.

추천 코스 '겨레의 집'을 시작으로 제1전시관부터 제7전시관까지 차례로 둘러보면 돼.

2교시
이상한 배 '이양선'과 흥선 대원군

> 서양이 조선의 문을 두드렸을 때, 조선의 왕은 고종이었지만 실제로 나라를 다스린 것은 고종의 아버지 흥선 대원군이었어. 고종은 겨우 열두 살이었거든. 권력을 잡자마자 세도 정치를 끝내고 왕권을 강화하던 흥선 대원군에게 서양 세력은 새로운 도전이었어. 서양 세력에 어떻게 대처하느냐에 조선의 운명이 달려 있었으니까 말이야.

이곳은 운현궁이야. 왕이 사는 궁궐 치고는 너무 소박한 것 아니냐고? 맞아, 운현궁은 처음부터 궁궐로 지어진 건물이 아니었으니까. 운현궁은 고종이 왕이 되기 전에 살던 집이야.

그런데 잠깐, 뭔가 좀 이상하지 않아? 세자가 왕위에 오르기 전에 머무는 곳은 궁궐 안에 있는 동궁 아닌가? 물론 그렇지. 하지만 조선의 모든 세자가 왕이 된 것도, 조선의 모든 왕이 세자였던 것도 아니야. 무슨 말이냐고? 세자 중에 왕이 되지 못한 사람도 많고, 세자가 아니었지만 왕위에 오른 사람도 많다는 뜻이야. 세자가 병이나 사고로 일찍 죽을 수도 있고, 행실이 나쁘면 세자 자리에서 쫓겨나기도 했어. 세자가 정해지지 않은 상태에서 왕이 갑자기 죽으면 세자가 아닌 왕족 중 한 사람이 왕이 되었지.

조선의 26대 임금이었던 고종도 그랬어. 25대 철종이 아들 없이 세상을 뜨자, 궁궐 바깥에서 살던 왕족 중 한 사람인 고종이 왕위에 오른 거야. 그러니까 고종이 즉위하기 전에 살던 집은 별궁이 되어 '운현궁'이라는 이름을 얻었단다. 고종이 왕위에 오르면서, 살던 집도 덩달아 궁으로 출세하게 된 셈이지.

'상갓집 개' 이하응의 위장 전술

그런데 별궁이 뭐냐고? 3권에서 경복궁을 설명하면서 왕이 머무는 곳을 법궁, 비상시에 옮겨 갈 곳을 이궁이라고 부른다고 했잖아. 조선이 세워지고 난 후에 법궁인 경복궁과 이궁인 창덕궁을 지었다고 했지. 그런데 조선 시대에는 법궁과 이궁 말고도 행궁과 별궁이 있었어. 행궁은 왕이 다른 곳에 행차할 때 머무는 궁궐이고, 별궁은 왕이 즉위하기 전에 살던 곳이나 혼례 때 왕비 혹은 세자빈을 맞아들이던 곳을 가리켜.

고종이 왕이 된 후에 운현궁의 규모를 늘리고 건물을 새로 지었지만, 그래도 왕이 사는 궁궐보다는 작았지. 하지만 고종이 왕위에 오른 직후에는 운현궁이 다른 어떤 궁궐보다 더 중요한 곳이 되었어. 이곳에 고종을 대신해 나라를 다스리던 흥선 대원군이 살았거든. 흥선 대원군의 원래 이름은 이하응이야. 고종이 왕이 되면서 흥선 대원군이 되었지. '대원군'이란 왕의 아버지를 높여 부르는 말이거든. 열두 살의 고종이 왕위에 오르자 흥선 대원군은 고종을 대신해 실질적인 국왕 역할을 하게 되었어.

  운현궁의 정문을 통과하면 아주 널찍한 마당이 펼쳐지고, 오른쪽에 '수직사'라고 쓰인 집이 있어. 수직사에는 운현궁을 지키고 관리하던 사람들이 살았대. 왕의 친아버지, 그것도 실질적인 권력을 잡고 있던 흥선 대원군이 사는 곳이었으니, 대궐에서 도움을 주기 위해 보낸 사람들이 많았지. 수직사를 지나 솟을대문 안으로 들어서면 아담한 한옥이 보여. 건물 가운데에 '노안당'이라는 현판이 걸려 있네. 현판의 글씨는 조선 후기를 대표하는 명필가 추사 김정희의 글씨래. 김정희의 글씨는 아주 귀한 대접을 받았으니 이 건물 또한 중요한 곳이겠구나. 맞아, 노안당은 바로 흥선 대원군이 머물

노안당

이곳에서 흥선 대원군이 나랏일을 논의했어.

면서 조선의 정치를 쥐락펴락하던 곳이었거든.

　노안당 안을 좀 볼까? 흥선 대원군이 난초를 그리는 모습을 재현해 놓았네. 추사에게 글씨를 배웠던 흥선 대원군은 난초 그림도 잘 그렸대. 난초는 매화, 대나무, 국화와 함께 '사군자'라 해서 조선의 선비들에게 사랑받는 소재였지. 이 네 가지는 모두 군자처럼 훌륭한 덕을 갖추었다고 여겨졌거든.

　흥선 대원군이 되기 전의 이하응은 난초 그림을 팔아 돈을 구하기도 했어. 아니, 아무리 고종이 왕이 되기 전이라 해도, 명색이 왕족인데 그렇게 먹고살기 힘들었을까? 그런 왕족도 있긴 했어. 예를 들어 철종도 왕위에 오르기 전에는 강화도에서 농사를 짓고 나무

난초를 그리는 흥선 대원군 모형

를 잘라 파는 등 상민들과 다름없이 살았으니까.

그런데 이하응이 난초 그림을 그려서 팔았던 것은 꼭 돈 때문만은 아니었단다. 사실 이하응의 집안 형편이 먹고 살 걱정을 할 정도는 아니었대. 하지만 세도 정치 아래에서 왕족들은 자칫하면 목숨을 잃을 수도 있었어. 왜냐고? 세도 정치란 왕실과 혼인 관계를 맺은 안동 김씨, 풍양 조씨 등의 세도 가문이 권력을 독차지하고 펼친 정치잖아. 왕족이 힘을 가지면 왕권이 강화되어 자연히 세도 가문은 힘을 잃을 수밖에 없어. 그래서 세도 가문에서 똑똑한 왕족을 제거하기도 했지. 예를 들면 능력이 뛰어났던 이하전이라는 왕족은 안동 김씨 가문의 눈 밖에 나서 역적으로 몰려 죽고 말았어. 그러니 이하응 역시 불안했을 수밖에.

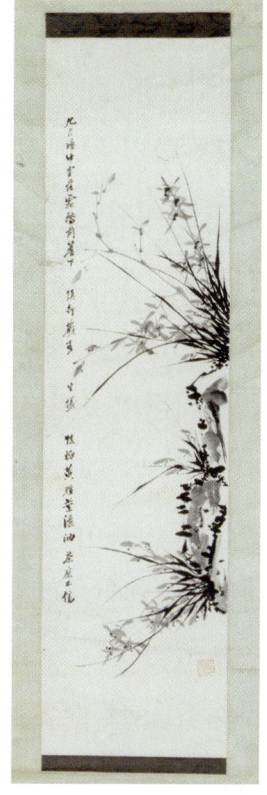

흥선 대원군의 「묵란도」

그렇다면 방법은? 자신의 능력을 철저히 숨기는 것. 이하응은 거리의 건달들과 어울려 술에 취하고, 난초 그림을 여기저기에 팔아 술값을 구하고, 남의 상갓집에 가서는 흥청망청 흐트러진 모습을 보여 주었지. 이러한 위장 전술은 성공적이었어. 세도가들은 이하응을 '상갓집 개'라고 부르면서 업신여길 정도였으니까.

흥선 대원군의 빛과 그림자

흥선 대원군이 위장만 하고 있었던 건 아냐. 세도 정치를 끝내고 왕권을 강화하기 위한 준비를 남몰래 했단다. 고종이 왕위에 오른 것 또한 흥선 대원군이 노력한 결과였어. 철종이 아들 없이 죽자 정권을 잡고 있던 안동 김씨는 또 다른 허수아비 왕을 세우려고 했어. 이때 흥선 대원군은 왕실의 큰 어른이자 몰락한 세도가인 풍양 조씨 가문의 대비와 손을 잡고 자신의 아들을 왕위에 올리는 데 성공했지. 원래 후계자를 결정하지 못한 상태에서 왕이 죽었을 때는 왕실의 가장 큰 어른이 다음 왕을 정하는 것이 관례였거든. 어린 고종은 운현궁의 노안당에서 자신을 왕으로 정하는 임명장을 받았어. 아들을 왕으로 만든 흥선 대원군은 어린 왕 대신 나라를 다스리면서 세도 정치를 끝내고 왕권을 강화하기 위해 노력했단다.

📖 고종의 아버지인 흥선 대원군은 부강한 조선을 만들기 위하여 외척들의 부정부패를 막고, 조선을 개혁하기 위해 정치를 펼쳤다. 흥선 대원군은 능력에 따라 인재를 등용하였고, 지방의 탐관오리들이 백성들을 학대하는 것을 막기 위하여 노력하였다.

와, 흥선 대원군은 정말 대단하네. 세도 정치를 끝장내고 왕권을 강화하는 것에서 한 걸음 더 나아가 백성들의 생활을 챙기고 나라를 바로 세우려고 했으니 말이야. 이러한 정책은 백성들에게 큰 환영을 받았어. 하지만 대원군의 모든 개혁 정치가 환영을 받았던 것은 아냐. 어떤 것은 너무 무리하게 추진해서 백성들의 원망을 사기도 했어. 그중 대표적인 것이 경복궁 중건 사업이야.

흥선 대원군이 경복궁을 다시 지으려 한 것은 왕권을 강화하기 위해서였어. 임진왜란 때 불에 탄 후 오랫동안 폐허로 남아 있던 경복궁을 웅장하게 다시 지으면 왕의 권위가 더욱 강해질 거라고 생각했지. 백성들도 처음에는 환영했어. 하지만 1년쯤 지난 뒤 공사 현장에 큰불이 나면서 일이 꼬이기 시작했어. 흥선 대원군은 백성들에게 강제로 돈을 거뒀을 뿐 아니라 세금도 올렸어. 그래도 돈이 부족하자 당백전이라는 새 돈을 찍어 냈지. 당백전은 당시 널리 쓰던 엽전인 상평통보의 백 배에 해당하는 가치를 가진 돈이야. 이렇게 가치가 높은 돈을 마구 찍어 내면 어떤 일이 벌어질까? 돈은 넘쳐 나는데 물건은 그대로니 물가가 치솟게 되지. 비싼 물가 탓에 백성들은 고통을 당하고 말이야.

당백전

이상하게 생긴 배가 출몰하다

흥선 대원군의 개혁 정치가 한창일 무렵, 조선의 바다에는 이상하게 생긴 배들이 자주 나타나기 시작했어. 사람들은 이런 배들을 '이양선(異樣船)'이라 불렀지. '모양이 다른 배' 혹은 '이상한 모양의 배'라는 뜻이야. 이 배들은 영국, 미국, 프랑스 등 서양의 배였어. 큰 돛대에 삼각형의 돛을 단 모양이 조선의 전통적인 배와는 많이 달랐지. 서양 세력들은 조선이 문을 열고 자신들과 무역하기를 원했어. 그러면 그냥 나라 사이에 서로 물건을 사고팔면 되지 않느냐고? 이 당시 조선을 둘러싼 상황은 그렇게 단순하지 않았어. 무엇이 문제였을까? 당시의 세계 속으로 들어가 보자.

흥선 대원군이 정권을 잡았던 1860년대의 세계는 그야말로 부글부글 끓고 있는 상태였어. 산업 혁명을 거친 유럽의 나라들은 새로운 시장을 찾아 아시아로 세력을 뻗치고 있었거든. 산업 혁명이 뭐냐고? 1권에서 신석기 혁명을 배울 때, 혁명이란 한마디로 엄청나게 빠르고 거대한 변화를 말한다고 이야기했었지. 그러니 산업 혁명이란 산업의 빠르고 거대한 변화와 그에 따른 사회의 변화를 말해.

어떻게 변했느냐고? 이전까지 사람이나 동물이 하던 일을 기계가 대신하게 되었지. 마차를 타고 달리던 시대에서 기차를 타는 시대로 접어들게 된 거야. 사람이 집에서 손으로 만들던 물건을 공장에서 기계로 만들자 물건들이 쏟아져 나왔어. 공장에서 물건이 쏟아지니 이제 무엇을 해야 하지? 맞아, 그 물건을 팔아야지! 그런데 물건이 너무 많아서 국내에서는 모두 팔 수 없었어. 그래서 해외로 눈을 돌리게 되었지. 한편 계속 물건을 만들려면 더 많은 원재료가 필요했는데 국내에서 생산되는 원재료만으로는 부족했어. 그래서 유럽은 아시아로 세력을 뻗치게 된 거란다. 자기들 물건을 팔고 필요한 원재료를 가져오려고 말이야.

그런데 여기에는 큰 문제가 있었어. 아시아의 나라들은 유럽의 물건들이 별로 필요하지 않았거든! 그런 것 없이도 수천 년 동안 잘 살아왔으니까. 게다가 생긴 지 얼마 안 된 유럽의 공장에서 나온 물건들은 품질이 그리 좋지도 않았어. 예를 들어 영국 사람들이 증기 기관을 이용해 만든 천을 팔러 인도로 갔지만 이미 인도에는 그보다 더 좋은 천들이 많이 있었어. 또 중국이 넓고 인구가 많다는 소

중국을 노리는 제국주의 국가들을 풍자한 그림

식을 듣고 물건을 잔뜩 싣고 갔는데, 중국에서도 안 사겠다는 거야.

이런, 그렇다면 방법은? 총칼로 위협해서 물건을 파는 것! 그게 말이 되느냐고? 물론 말이 안 되지. 하지만 산업 혁명으로 상품을 대량 생산하게 된 유럽 국가들에는 말이 되는 이야기였어. 더구나 그때까지 유럽은 자기들끼리 수많은 전쟁을 치르면서 싸움이 몸에 배었거든.

 **자본주의를 낳은 산업 혁명**

산업 혁명으로 공장이 생기고 철도가 깔리면서 유럽 사회는 뿌리부터 변하기 시작했어. 그 전까지 유럽 사회는 세계 여느 곳과 마찬가지로 농업 중심 사회였는데, 공업과 상업 중심의 사회로 바뀐 거야. 이 과정에서 태어난 것이 바로 자본주의야. 자본주의란 공장 같은 생산 수단을 가진 사람이 노동자들을 고용해서 물건을 만들어 팔아 돈을 버는 경제 체제야. 산업 혁명 전에는 공장도, 공장을 만들 수 있는 기술도 없었으니까 자본주의가 발달하지 못한 것이고. 지금은 우리나라를 비롯해 거의 모든 나라가 자본주의 경제 체제 아래 있단다.

나라의 문을 닫은 흥선 대원군

이양선의 출몰과 함께 이런 소문도 들려왔어. '중국이 영국과 프랑스 같은 서양 오랑캐와의 전쟁에서 지는 바람에 거의 망할 지경에 이르렀다더라, 끝까지 문을 닫고 있던 일본에 미국 군함이 들어가서 강제로 문을 열었다더라.' 하는 소문 말이야.

중국 청나라가 서양 세력과 처음 벌인 전쟁이 '아편 전쟁'(1840~1842년)이야. 아편은 마약의 일종인데, 중국과의 무역에서 엄청난 손해를 보던 영국이 비밀리에 아편을 가져다 중국에 팔기 시작했어. 영국이 생산한 상품들은 중국에서 인기가 없었지만, 중국의 차나 도자기는 영국에서 없어서 못 팔 정도였거든. 이러다가는 영국 사람들이 애써서 벌어들인 돈이 몽땅 중국으로 빠져나갈 것 같았

지. 그래서 선택한 것이 아편 수출이었어. 중국 정부는 당연히 아편 수입을 금지했지만 영국은 이걸 빌미로 전쟁을 일으켜. 마약을 사지 않는다고 전쟁을 일으키다니, 너무한 거 아냐? 그래서 영국에서도 전쟁에 반대하는 목소리가 높았대. 하지만 전쟁은 벌어졌고, 결과는 영국의 대승이었어. 이후 영국뿐 아니라 프랑스, 독일, 러시아 등도 중국에서 마음대로 물건을 팔 수 있게 되었단다.

일본의 경우에는 전쟁까지 가진 않았어. 거대한 미국의 군함들이 일본으로 가서 '개항을 하지 않으면 전쟁이다!'라고 위협하자 1854년 자진해서 문을 열어 버렸거든. 영국, 프랑스 등이 중국에 신경을 쓰는 동안 미국은 일본을 차지한 셈이지.

중국과 일본에서 이런 일들이 벌어진 상황에서 조선에 이양선이 나타난 거야. 나라의 문을 열 것이냐, 굳게 걸어 잠글 것이냐? 흥선 대원군의 선택은 과연 무엇이었을까?

> 어린 고종을 대신하여 조선의 개혁을 이끌던 흥선 대원군은 개항하여 다른 나라와 통상하기보다는 먼저 왕권을 강화하고 나라를 안정시키고자 하였다. 그래서 서양인들의 통상 요구를 외국과 무역을 금한 나라 법에 맞지 않는다는 이유로 거절하였다.

과연 이런 판단이 최선이었을까? 만약 여러분이 흥선 대원군이었다면 어떤 선택을 했을 것 같아? 중국이 전쟁에 패배하고, 일본이 강제로 문을 열었다는 이야기를 들은 흥선 대원군도 판단하기가 쉽지는 않았을 거야. 우선은 문을 굳게 닫고 약해진 나라의 힘을 키우려 한 것은 당시로서는 훌륭한 판단일 수 있어. 하지만 이미 세도 정치로 무너진 조선을 다시 일으켜 세우는 것은 쉽지 않았지. 왕권을 강화하기 위해 추진한 경복궁 중건 사업 때문에 오히려 나라는 혼란에 빠져들었단다.

흥선 대원군이 이런 정책들을 펼친 곳이 바로 운현궁, 그중에서도 노안당이었어. 어때? 이러한 설명을 들으니까 노안당이 좀 달리 보이지 않아? 여기저기 나라의 앞날을 걱정하는 소리도 들리는 것 같고 말이야. 자, 이제 발걸음을 옮겨 노락당으로 가 볼까?

흥선 대원군

노락당

혼례복을 입은 고종과 명성 황후 모형

　노안당과 담장 하나를 사이에 두고 있는 노락당은 운현궁의 중심이 되는 곳이야. 고종과 명성 황후의 혼례식이 바로 이곳에서 열렸단다.

　고종은 왕위에 오른 지 3년 만에 혼례를 치러. 물론 명성 황후를 왕비로 고른 것은 고종이 아니라 아버지 흥선 대원군이었어. 명성 황후의 집안은 숙종의 왕비 인현 왕후를 배출한 가문이야. 흥선 대원군의 부인이 명성 황후와 같은 집안인 것도 인연이 되었단다.

　아, 근데 왜 명성 황후는 '황후'인데, 인현 왕후는 '왕후'냐고? 오호, 날카로운 질문! 지난 시간에 고종이 대한 제국을 선포하고 황제가 되었다고 했지? 그러면서 왕후도 황후가 된 거야. 사실 고종과 혼인을 할 때는 황후가 아니라 왕후였지만, 헷갈리니까 그냥 황후로 통일하자고. 알았지?

　고종과 명성 황후가 혼례를 올릴 당시 고종은 창덕궁에 살고 있었어. 그런데 혼례는 왜 창덕궁이 아니라 운현궁에서 치렀을까? 왕실의 혼례는 별궁에서 시작해 대궐에서 끝내는 것이 전통이었거든. 세 번의 간택을 통해 왕비 후보가 뽑히면 그때부터 집 대신 별궁에 머물면서 왕비 수업을 받기 시작해. 그러다 혼례식 날에는 왕이 별궁으로 가서 왕비를 데리고 궁궐로 오는 거야. 별궁에서 왕비를 맞이하는 의식을 치르고 궁궐로 와서 서로 절을 한 후에 첫날밤을 맞게 되는 거지. 그래서 명성 황후가 혼인 전에 머물면서 왕비 수업을 받은 곳도, 고종이 왕비를 처음 맞이한 곳도 바로 운현궁 노락당이었단다.

노락당 바깥에 있는 유물 전시관에 가면 당시 고종과 명성 황후의 혼례를 재현해 놓은 모습을 볼 수 있어. 하지만 이렇게 화려한 혼례를 올린 고종과 명성 황후를 기다리고 있던 것은 더욱 혼란스러운 세월이었어. 서양 세력은 점점 더 거세게 조선의 문을 두드리고, 살기 힘들어진 농민들은 봉기를 일으켰거든. 더구나 고종 부부가 흥선 대원군과 대립하면서 조선의 앞날은 더욱 짙은 안개 속으로 빠져들게 된단다.

다음 흥선 대원군에 대한 설명으로 틀린 것은?

① 서양 세력에 맞서 나라의 문을 닫고 안으로 개혁 정치를 펼쳤다.
② 왕권을 강화하기 위해 창덕궁을 중건했다.
③ 세도 정치의 잘못된 점을 바로잡았다.
④ 서양 세력과 전쟁을 치른 이후 전국에 척화비를 세웠다.

정답 | ②번. 대원군이 중건한 것은 경복궁이야.

왕실의 생활 유물까지 한눈에, 운현궁

이로당

　아까 수업 시간에 운현궁은 고종이 왕이 되기 전에 살던 집이라고 했던 것, 기억하지? 고종이 왕위에 오른 후 대대적으로 규모를 늘린 운현궁은 2만 평이 넘는 땅에 여러 건물이 빼곡하게 들어차 궁궐에 버금간다는 이야기를 들었대. 게다가 흥선 대원군이 이곳에 머물며 정치를 쥐락펴락했으니 그 위세가 얼마나 대단했겠어? 하지만 일제 강점기와 6·25 전쟁을 거치면서 규모가 계속 줄어들어 지금은 노안당을 비롯한 네 채의 건물만이 자리를 지키고 있어. 찬찬히 한 바퀴를 둘러보는 데도 30분 남짓이면 충분하단다.

　흥선 대원군이 머물던 운현궁의 사랑채인 노안당과 고종과 명성 황후가 혼례를 치른 노락당은 수업 시간에 살펴보았지? 노락당을 지나면 그보다 조금 작은 건물이 나와. 이곳의 이름은 이로당. 노안당이 사랑채라면, 이로당은 집안의 여자들이 살던 안채였어. 노안당이나 노락당과는 달리 아늑한 느낌이 드는구나.

　이로당 바깥의 유물 전시관에는 운현궁과 관련된 여러 유물들이 전시되어 있어. 먼저 눈에 띄는 것은 운현궁의 각종 생활 유물이야. 역시 궁에서 쓰는 물건은 그릇 하나도 대충 만

고종과 명성 황후의 혼례를 재현한 모습

들지 않았네. 그 옆에는 혼례식 때 입었던 화려한 의상을 걸친 고종과 명성 황후의 모형이 있어. 명성 황후의 붉은 적의도 아름답지만 고종의 검은색 면복(면류관과 곤룡포)도 대단히 세련되어 보이는군. 이곳에는 흥선 대원군이 전국 곳곳에 세웠다는 척화비도 있어. 첫 시간에 독립기념관에서 봤던 것, 기억하지?

명성 황후가 왕비 수업을 받았던 운현궁에서는 초등학교 고학년을 대상으로 왕실의 예절과 생활을 체험하는 프로그램을 운영 중이야. 이 밖에도 다양한 체험과 공연 프로그램이 있으니 홈페이지(unhyeongung.or.kr)에서 확인해 봐.

운현궁 길 건너에는 천도교의 중앙대교당이 있어. 천도교는 동학을 바탕으로 발전한 민족 종교야. 1921년에 완공한 중앙대교당은 그 당시 항일 운동의 중요한 장소였어. 중앙대교당 뒤로는 인사동, 왼쪽으로는 북촌이 자리 잡고 있어서 어느 곳을 가든지 우리 전통문화를 즐기며 기분 좋게 산책할 수 있어.

:: 알아 두기 ::

가는 길 지하철 3호선 안국역 4번 출구로 나오면 바로 있어.
관람 소요 시간 30분이면 충분해.
휴관일 매주 월요일.
추천 코스 수직사, 노안당, 노락당, 이로당, 유물 전시관의 순서로 보면 좋아.

3교시
드디어 나라의 문이 열리다

> 흥선 대원군이 나라 문을 닫으니 서양 세력의 위협은 더욱 심해졌어. 총과 대포로 무장한 서양의 함대가 조선을 공격해 왔거든. 조선의 군대와 백성들은 힘을 모아 서양 세력의 공격을 막아 냈지만, 거듭되는 외세의 침략을 막아 낼 힘이 부족했어. 결국 일본과 강화도 조약을 맺으면서 나라의 문을 열게 되었단다.

정말 오래간만에 다시 왔네. 푸른 하늘과 바다가 그림같이 아름다운 섬, 강화도. 청동기 시대를 공부하면서 한 번, 고려 시대 역사를 알아보기 위해 또 한 번 왔으니 이번이 벌써 세 번째 방문이군. 그만큼 강화도에 역사 유적이 많은 덕분이야.

오늘 우리가 이곳에서 집중적으로 둘러볼 곳은 전쟁이 벌어진 요새들과 산성들이야. 어떤 전쟁이냐고? 서양 나라들이 조선을 침략한 전쟁. 임진왜란이나 병자호란처럼 대규모의 전쟁은 아니었지만, 중국을 굴복시킨 서양 군대가 처음으로 조선을 침략한 것이니 그 충격은 컸어.

그런데 여기서 궁금증 하나! 왜 외국 군대들은 다른 곳이 아닌 강화도를 먼저 공격한 것일까? 몽골이나 청나라의 경우는 고려나 조

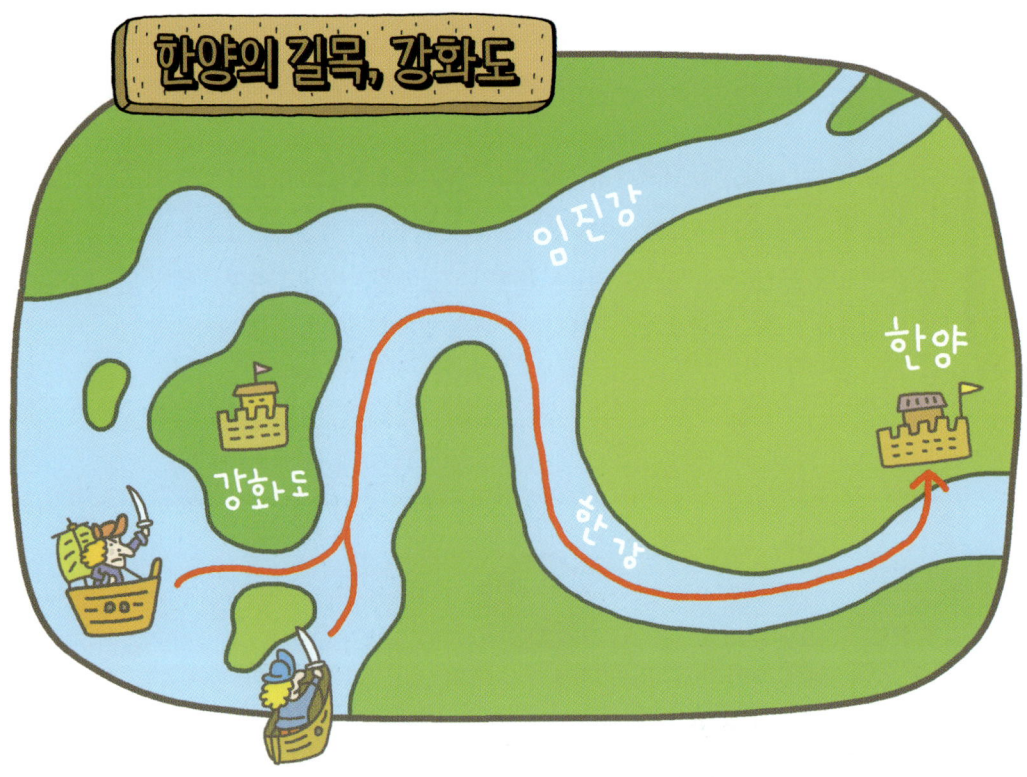

선 왕실이 먼저 강화도로 옮겼기 때문에 그렇다고 하지만, 조선 말기에 영국과 프랑스, 일본도 모두 강화도를 공격했거든. 답은 간단해. 강화도가 한강을 통해 한양으로 들어가는 입구에 있는 섬이기 때문이야. 그들의 목적은 조선을 점령하는 것이 아니라 조선의 문을 여는 것이었으니까, 한양의 길목인 강화도를 점령해서 조선 정부를 압박하겠다는 속셈이었지. 육로를 통해 공격을 받을 수 있는 인천에 비해 강화도는 점령하기도, 지키기도 쉬웠거든.

하지만 그들이 미처 계산하지 못한 것이 있어. 강화도는 옛날부터 외적의 침략을 막아 내었던 뛰어난 요새이고, 조선 군대와 백성들은 외적을 물리치는 데 목숨을 아끼지 않는다는 사실이야.

조선과 서양이 벌인 최초의 전쟁, 병인양요

 오늘 강화도 수업에서 가장 먼저 가 볼 곳은 정족산성이야. '삼랑성'이라고도 하는데, 먼 옛날 단군의 세 아들이 성을 쌓았다는 전설이 있어 이런 이름이 붙었다는구나. 처음에는 흙으로 쌓은 토성이었는데, 삼국 시대에 이르러 돌로 다시 쌓았고, 고려와 조선을 거치면서 더욱 튼튼한 산성이 되었대. 가파른 산 위에 튼튼하게 쌓은 것이 정말 쉽게 공격할 수 없게 생겼네. 바로 이곳에서 조선의 군대는 프랑스를 상대로 승리를 거두었어. 그 덕분에 조선을 처음으로 침략한 서양 군대를 몰아낼 수 있었지.

강화역사박물관에 전시된 정족산성 전투 모형

프랑스는 선교사를 비롯한 천주교 신자들을 처벌한 사건을 구실로 강화도를 침략하였고(병인양요, 1866년) 미국은 미국 상선이 평양에서 불탄 사건을 구실로 강화도를 침략하였다(신미양요, 1871년).

여기서 말하는 천주교 신자 처벌 사건은 4권에서 서학을 배우면서 살펴본 병인박해야. 수천 명의 천주교 신자가 목숨을 잃은 사건, 기억나지? 병인년(1866년)에 일어나서 병인박해라 부른다고 했잖아. 이때 프랑스 선교사 9명도 죽음을 당했어. 물론 천주교를 전파했다는 이유만으로 다른 나라 사람들을 사형에 처한 것은 분명히 잘못이야. 하지만 이 사건을 빌미로 남의 나라를 침략하는 것이 정당화될 수는 없어.

더구나 당시 서양 국가들은 남의 나라 사정은 아랑곳하지 않고 먼저 선교사를 보낸 다음, 그들이 탄압을 받으면 그걸 빌미 삼아 다른 나라를 침략하곤 했단다. 선교사를 보내는 것이 선교를 위해서인지, 침략을 위해서인지 헷갈릴 정도로 말이야. 또한 선교사 중 일부는 그 나라 사정을 자기 나라에 자세히 보고해서 침략을 도왔다니, 스파이가 따로 없군!

프랑스는 1866년 병인박해를 구실로 조선을 침략했어. 조선 사람들은 이 사건을 '병인양요'라고 불렀어. '병인년에 서양 오랑캐가 일으킨 난리'라는 뜻이야.

프랑스는 7척의 함대를 조선에 보내 강화도 일부를 점령하고 프랑스 선교사를 살해한 자를 처벌할 것과 무역을 요구했지. 어라? 책임자를 처벌하라는 것은 알겠는데 무역은 좀 뜬금없지 않아? 사실 프랑스의 진짜 속셈은 책임자 처벌이 아니라 무역이었어. 프랑스는 물건을 팔 새로운 시장이 필요했으니까 말이야.

그러고는 한 달 넘게 강화도에 머물면서 귀중한 문화재들을 약탈했어. 이때 외규장각에 보관되어 있던 귀한 책들도 훔쳐 갔지. 외규장각이란 정조가 왕실의 귀한 책들을 보관하기 위해 지은 도서관이야. 창덕궁 규장각에 미처 다 보관할 수 없던 책을 강화도의 외규장각에 보관했거든.

이렇게 조선의 귀중한 보물을 약탈하던 프랑스군은 정족산성에서 양헌수 장군의 공격을 받고 결국 쫓겨나게 되었단다. 정족산 사고(국가의 중요한 책을 보관하던 서고)에는 『조선왕조실록』이 보관되어

순조와 순헌 왕후의 혼례를 기록한 의궤

있었으니, 만약 프랑스군이 그곳을 점령했더라면……. 생각만 해도 아찔한 일이 벌어질 뻔했네. 사실은 이곳에 『조선왕조실록』이 있었기 때문에 양헌수 장군과 조선 군대가 더욱 힘을 내어 프랑스군을 물리쳤던 거야.

 자본주의와 제국주의

지난 시간에 산업 혁명을 통해 자본주의가 발달한 나라들은 강제로 물건을 팔고 원료를 확보하기 위해 남의 나라를 침략했다고 했지? 이러한 침략적 정책을 '제국주의'라고 불러. 그렇게 침략을 하는 나라를 '제국주의 국가'라고 부르고. 제국주의 국가의 침략을 받은 나라 가운데 상당수는 결국 식민지가 되고 말았단다. '일제 강점기'라는 말에서 일제는 '일본 제국주의'의 준말이야. 역사적으로 자본주의가 먼저 발달한 나라들은 이렇게 제국주의 국가가 되어 남의 나라를 침략했어. 조선을 침략했던 프랑스와 미국, 일본도 제국주의 국가였던 거야.

미국과의 전쟁, 신미양요

정족산 사고까지 살펴보았으니 이제 다른 곳으로 자리를 옮겨 볼까? 조선 군대가 미국과 전투를 벌인 광성보로 말이야. 외적을 막기 위해 쌓은 요새인 광성보는 정족산성에서 그리 멀지 않아. 정족산성은 이름처럼 산 위에 지은 성이고, 광성보는 해상으로부터 침입하는 외적을 막기 위해 바닷가에 만든 요새야. 광성보 안에는 적을 막기 위해 화도돈대, 오두돈대, 광성돈대 등을 만들었어.

돈대가 뭐냐고? 요즘으로 치면 해안을 지키는 군사 초소라고 할 수 있어. 조선에서는 해안의 요새를 '보'나 '진'이라 했고, 돈대는 그보다 작은 군사 시설을 가리킨단다.

광성보의 성문인 안해루

병인양요가 일어나고 5년 후인 1871년, 미국 또한 강화도를 침략한단다. 미국이 강화도를 침략한 이유는 무엇일까?

지난 시간에 일본의 문을 강제로 연 나라가 어디라고 했지? 미국! 미국이 함대를 보내 일본을 개항시킨 것이 1854년이었지. 그로부터 12년이 흐른 1866년에 미국의 상선(무역선) 제너럴 셔먼호가 조선에 나타났어. 셔먼호가 대동강을 거슬러 평양에 나타나 교역을 요구하자 조선 관리들은 교역을 거부하면서 물러갈 것을 요구했지. 그러자 셔먼호는 교역을 거부한 관리를 잡아가는 한편, 대포를 쏘고 민가를 약탈하는 등 행패를 부렸어. 이에 분노한 평양 백성들이 셔먼호를 불태워 침몰시켰지. 이 사건을 '제너럴 셔먼호 사건'이라고 해.

그런데 좀 이상하지 않아? 물건을 싣고 다니며 무역을 하는 상선이 대포를 쏘면서 교역을 요구하니 말이야. 이 당시 제국주의 국가의 상선들은 대부분 각종 무기로 무장을 하고 있었어. 남의 나라에 가서 교역을 요구하고, 거절당하면 해적선으로 변신해 포를 쏘면서 약탈을 일삼았던 거야.

제너럴 셔먼호 사건은 그대로 묻히는 것 같았어. 하지만 5년 후인 1871년, 미국은 뒤늦게 이 사건을 문제 삼아 조선을 공격했어. 이번에도 공격 목표는 강화도. 미국의 함대가 강화도를 침략해 조선군과 벌인 이 전쟁을 '신미양요'라고 해. 침략 목적도 프랑스와 마찬가지로 조선의 문을 여는 것이었지. 신미양요 때 가장 치열한 전투가 벌어진 곳이 바로 이곳 광성보였어.

하지만 아쉽게도 이번에는 정족산성 전투와 달리 조선이 외적을 쫓아내는 데 실패했어. 어재연 장군을 비롯한 조선군은 목숨을 걸고 미군의 침략에 맞서 싸웠지만 결국 수백 명의 전사자를 남긴 채 광성보를 점령당하고 말았지. 요새는 튼튼하고 군사들은 용감했지만, 양국의 무기 차이가 너무 컸거든. 미국 군대는 신식 무기로 무장하고 있었던 데 비해 조선 군대는 총알이 미치는 거리가 짧고 조준도 잘되지 않는 구식 총을 가지고 있었어. 더구나 미국에서 남북 전쟁을 막 끝낸 미군은 전투에 능숙했지만 조선의 군사들은 전쟁 경험이 턱없이 부족했지.

이렇게 광성보 전투에서 미군이 승리를 거뒀지만, 그렇다고 미군이 목표를 달성한 것은 아니야. 조선은 교역을 거부한 채 계속해서 싸우겠다는 의지를 보였거든. 결국 조선의 강한 저항에 놀란 미군은 조선과의 교역을 포기하고 스스로 물러나고 말아. 어재연 장군이 이끄는 조선군과 미군의 광성보 전투는 강화역사박물관에 실물 크기로 재현되어 있단다.

▲ 강화역사박물관에 전시된 광성보 전투 모형

> 목숨을 걸고 싸우는 조선 병사는 너무 무서워~

 **돌발 퀴즈**

다음은 강화도에서 전투를 벌인 조선 군사들의 증언이다. 사실인 것은?

① 프랑스군은 『조선왕조실록』까지 훔쳐 갔어!
② 어재연 장군이 광성보에서 미군을 물리쳤다고!
③ 안타깝게도 정족산성에서 프랑스군에게 패하고 말았지.
④ 참 이상하지? 프랑스와 미국 모두 무역을 요구하더라고.

정답 | ④번. 프랑스와 미국은 우리에게 나라끼리 물건을 서로 사고팔자고 요구했어.

화해를 주장하면 나라를 파는 것

병인양요와 신미양요를 겪으면서 조선에는 서양 세력에 대한 반감이 커져 갔어. 특히 흥선 대원군은 더욱 철저하게 나라의 문을 걸어 잠그는 '쇄국 정책'을 고수하게 되었지. 여기에는 병인양요와 신미양요 사이에 벌어진 '남연군 묘 도굴 사건'이 한몫을 했단다. 이게 무슨 사건이냐고? 병인양요가 벌어지고 얼마 지나지 않은 1868년에 독일 상인 오페르트가 대원군의 아버지인 남연군의 묘를 몰래 파내려다 실패한 사건이야.

이 사건은 단순히 보물을 훔치려는 것이 아니었어. 오페르트는 남연군의 시신을 인질로 삼아 조선에 통상을 요구하려고 한 거야. 조선인들이 조상의 시신을 아주 중요하게 여긴다는 것을 알고 벌인 사건이지. 하지만 이건 오히려 역효과를 불러왔어. 돈을 벌기 위해서라면 남의 조상 무덤까지 파헤치는 오랑캐들과는 도저히 무역을 할 수 없다고 생각하게 된 거야.

병인양요와 신미양요, 남연군 묘 도굴 사건까지 겪은 흥선 대원군은 한양을 비롯해 전국 곳곳에 척화비를 세웠어. 지난 시간에 설명했듯 척화비란 '화해하는 것을 배척하는 비석'이야. 즉 서양 세력과의 화해를 반대하는 비석이라는 뜻이지. 커다란 비석에 '서양 오랑캐가 침범했을 때 싸우지 않는 것은 곧 화해하자는 것이요, 화해를 주장하는 것은 나라를 파는 것이다.'라는 글귀를 새겨 넣었어. 싸우지 않으면 나라를 파는 것이라, 서양 세력과 끝까지 맞서 싸우겠다는 흥선 대원군의 의지가 확실히 느껴지는군.

하지만 조선 사람들 모두가 흥선 대원군과 생각이 같았던 건 아냐. 조선이 부강해지기 위해서는 서양의 기술을 배워야 한다고 주장하는 사람들도 있었지. 4권에서 청나라에 갔던 조선의 사신들이 서양의 앞선 문물을 가지고 왔다는 이야기를 했지. 이제는 서양 문물을 받아들이기 위해 청나라를 거칠 필요도 없어졌어. 조선이 문만 열면 들어오겠다는 서양 나라들이 줄을 섰으니 말이야.

이렇게 조선의 문을 열어 서양 문명을 받아들여야 한다고 주장한 사람들을 '개화파'라고 불러. 대원군이 권력을 잡았을 때는 개화파가 자기 목소리를 내기 힘들었지만, 스무 살이 넘은 고종이 직접 정치를 하기 시작하면서 개화파의 목소리가 힘을 얻기 시작했단다.

운요호 사건과 강화도 조약

자, 이번에는 오늘 수업의 마지막 장소인 초지진이야. 정족산성과 광성보 사이에 위치한 이곳은 병인양요와 신미양요의 격전지이자 이후 일본이 일으킨 '운요호 사건'의 현장이지.

📖 우리나라보다 20여 년 먼저 개항을 하여 서양 문물을 받아들인 일본은 강화도 초지진 근처로 군함을 보내어 바다 깊이를 재어 보는 등 의도적으로 조선군을 자극하였다. 조선군은 일본군이 돌아가도록 경고하는 대포를 쏘았다. 일본 군함은 기다렸다는 듯이 대포를 쏘아 초지진에 많은 피해를 입혔다. 또한 영종도에 상륙하여 백성들을 살상하고 많은 무기를 약탈하였다(운요호 사건, 1875년). 일본은 이 사건을 빌미로 조선에 통상 조약을 요구하였다.

이때 일본군이 쏜 포탄 자국이 아직도 초지진 앞에 있는 소나무에 남아 있어. 저기 보이는 바로 저 나무. 앞에 안내판도 있고, 포탄 자국을 하얀 페인트로 표시해 놓았으니 쉽게 찾을 수 있어.

운요호는 일본이 영국으로부터 구입한 군함이야. 허락도 없이 남의 나라 코앞까지 군함을 몰고 와서는 괜히 시비를 걸고 통상을 요구하는 것이 병인양요와 신미양요를

포탄 맞은 흔적이 남은 초지진의 소나무

일으킨 프랑스, 미국과 꼭 닮았네. 그렇다면 조선은 이번에도 목숨을 걸고 일본과 전쟁을 벌였을까?

하지만 이번에는 여러 가지 사정이 달라졌어. 우선 척화비를 세울 정도로 쇄국 정책을 고집했던 흥선 대원군이 권력을 잃었어. 그 대신 고종이 직접 정치를 하게 되었지. 고종은 흥선 대원군과 여러 면에서 달랐어. 특히 쇄국 정책을 고집했던 흥선 대원군과는 달리 고종은 조선이 부강해지기 위해서는 외국 문물을 받아들여야 한다고 생각했지. 이때 마침 일본이 들어온 거야. 군함을 앞세운 것이 기분 나빴지만, 청나라까지 일본과 외교 관계를 맺으라고 옆에서 거들고 나서자 조선은 일본과 조약을 맺게 된단다.

📖 조선과 일본 두 나라의 대표가 강화도에 모여 조약을 맺고 조선은 개항을 하였다(강화도 조약, 1876년). 강화도 조약은 조선이 외국과 맺은 최초의 근대적 조약이었으나 조선의 권리가 나타나 있지 않은 불평등 조약이었다.

강화도 조약에 따라 조선은 부산, 원산, 인천의 세 항구를 열어 일본 선박들이 자유롭게 드나들며 무역을 할 수 있게 했어. 항구를 열어 외국과 자유롭게 교역할 수 있도록 허락하는 것을 '개항'이라고 하지. 강화도 조약은 얼핏 보면 큰 문제가 없어 보이지만 자세히 뜯어보면 하나부터 열까지 온통 문제투성이야. 가장 큰 문제는 조선

강화도 조약 회담도

대포가 배치된 강화도 조약 회담장

에 절대적으로 불리한 불평등 조약이라는 것. 더구나 앞으로 일본이 조선을 침략하기 위한 계획까지 담아 놓은 조약이었어.

조선 정부는 두 가지 이유에서 일본과 불평등 조약을 맺게 되었단다. 첫째, 일본은 시종일관 강압적인 분위기 속에서 협상을 진행했어. 회담장 주변에 대포를 늘어놓고 군사들까지 배치해 놓아 험악한 분위기를 만들었지. 둘째, 조선 정부는 외국과 근대적 조약을 맺는 일이 처음이었어. 당연히 협상에 서툴 수밖에 없었고, 조항의 내용이 무엇을 의미하는지 잘 모르는 경우도 있었어.

하지만 불평등 조약을 맺은 후 조선도 가만히 당하고 있지만은 않았어. 일본과 서양 세력의 침략에 대응해 자주 국가를 만들려는 노력이 활발하게 전개되었단다. 여기에 대해서는 다음 시간에 좀 더 자세히 알아보기로 하자.

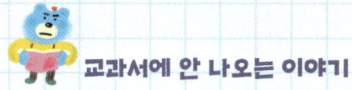 교과서에 안 나오는 이야기

강화도 조약을 맺은 일본 대표의 극비 보고서

일본은 변리 공사(외교 사절 가운데 세 번째 계급) 구로다 기요타카를 비롯해 수백 명을 강화도에 파견했어. 이들은 위협적인 분위기로 협상을 진행해 결국 일본에 유리한 조약을 맺는 데 성공했지. 일본 측 협상 대표 구로다가 일본에 보낸 극비 보고서에는 이런 내용이 들어 있지 않았을까?

-1급 비밀-

강화도 조약의 핵심 내용 보고

발신: 일본 협상 대표 구로다 기요타카
수신: 총리대신 각하

제1조 조선은 자주국이며, 일본과 평등한 관계를 가진다.

의미: 얼핏 당연한 듯 보이지만, 앞으로 일본이 조선을 침략하는 데 큰 도움이 되는 조항이다. 조선이 자주국이라는 말은 중국이 조선에 개입할 수 없다는 뜻이다. 지금까지 조선은 중국의 제후국이어서 일본이 조선을 침략하면 중국이 개입할 수 있었지만, 조선이 자주국임을 선언하면 중국이 조선에 개입할 명분이 사라진다.

제4조 조선은 부산 이외에 두 곳을 개항하고 일본인의 출입과 통상을 허용한다.

의미: 조선은 세 항구의 문을 열고 일본인이 살 곳을 제공해야 하지만 일본은 아무런 부담이 없다. 통상이 자유로워지면 이미 서양 문물을 충분히 받아들인 일본이 조선보다 훨씬 유리하다.

제7조 조선의 해안을 일본이 자유로이 측량하도록 허가한다.

의미: 조선 해안을 자유롭게 측량하면 나중에 일본 해군이 조선을 침략하는 데 큰 도움이 될 것이다.

제10조 각 항구에서 죄를 지은 일본인은 일본 관리가 심판한다.

의미: 일본인이 죄를 지어도 조선 정부가 체포하거나 벌할 수 없다.

- 1881년 — 신식 군대인 별기군을 만들다
- 1882년 — 차별 대우를 받던 구식 군인이 반란을 일으키다(임오군란)
- 1883년 — 최초의 근대 학교인 원산 학사가 세워지다
- 1884년 — 김옥균 등 개화파가 갑신정변을 일으키다
- 1887년 — 경복궁 건청궁에서 최초로 전깃불이 켜지다
- 1894년 — 전라도 고부에서 농민들이 봉기하다(동학 농민 운동) 갑오개혁을 실시하다
- 1895년 — 일본이 명성 황후를 시해하다(을미사변)
- 1896년 — 고종이 러시아 공사관으로 거처를 옮기다(아관파천) 서재필 등이 독립협회를 결성하고 독립문을 세우다
- 1897년 — 고종이 나라 이름을 대한 제국으로 바꾸다
- 1899년 — 경인선이 개통되다

2부

근대 국가를 세우기 위해

4교시 | **신식이냐, 구식이냐? 임오군란과 갑신정변** _ 우정총국
5교시 | **못 살겠다, 갈아 보자! 동학 농민 운동과 갑오개혁** _ 전주역사박물관
6교시 | **우리 근대화는 우리 힘으로! 고종과 대한 제국** _ 황궁우
7교시 | **전깃불에 놀라고 양탕국에 빠지다** _ 건청궁

4교시

신식이냐, 구식이냐?
임오군란과 갑신정변

> 강화도 조약으로 조선의 문이 열리자 새로운 문물이 쏟아져 들어왔어. 그러니 정부도 백성들도 우왕좌왕할 수밖에. 어떤 사람들은 새로운 문물 때문에 못 살겠다고 느꼈고, 어떤 사람들은 더 빨리 받아들여야 한다고 주장했지. 혼란이 깊어지자 총칼을 들고 자기 뜻을 이루려는 사람들도 생겼어. 그래서 일어난 사건이 임오군란과 갑신정변이야.

어서 와, 우리나라에서 가장 오래된 우체국에 온 것을 환영해. 이곳의 이름은 '우정총국'. 지금으로부터 100년도 훨씬 전인 1884년에 문을 연 조선 최초의 우체국이야. 멋진 기와 건물 안으로 들어가면 곰방대를 물고 있는 우편배달부의 모습이 보여. 아, 물론 그때 모습을 그대로 재현한 모형이지만 말이야. 우리나라 최초의 우표 세트랑 당시 편지 봉투에 날짜를 찍던 도장도 있네. 이거, 희귀한 우표라 값이 어마어마하게 나가겠는걸? 그 옆에는 초대 우정 총판이었던 홍영식의 동상이 보여. 우정 총판이란 우정총국의 최고 책임자를 뜻한단다. 요즘 말로 하면 서울중앙우체국장인 셈이지.

이곳에는 왜 왔느냐고? 우정총국은 개항(1876년) 이후 들어온 새로운 문물의 상징이거든. 게다가 이곳은 조선의 역사를 뒤흔들었던 중요한 일이 벌어진 현장이란다.

지난 시간에 배운 대로 강화도 조약에 따라 나라 문이 열리자 새로운 문물이 쏟아져 들어오기 시작했어. 고종도 일본과 중국에 사신을 보내 적극적으로 서양 문물을 받아들였지. 그뿐만 아니라 관리들을 미국으로 보내 서양의 근대 문물을 보고 배워 오도록 했어. 이들을 '보빙사절단'이라고 불렀는데, 여기에 참여했던 홍영식이 뉴욕 우체국 등을 둘러보고 와서 고종에게 건의해 만든 것이 우정총국이란다. 그러면서 자신이 우정총국을 책임지는 우정 총판의 자리에 오른 거야. 아래 흑백 사진 속 사람들이 바로 보빙사절단이야.

이렇게 서양 문물을 적극적으로 받아들이는 사람들을 뭐라고 불렀다고 했지? 맞아, 개화파. 또한 이들의 생각을 '개화사상'이라고

보빙사절단

불러. 조선은 하루빨리 낡은 관습과 제도를 버리고 서양의 발달된 문명을 받아들여야 한다는 주장이었지.

미국에 가서 서양 문물을 배워 온 개화파들은 조선에 새로운 문물을 들여오는 데 열심이었어. 하지만 대다수의 조선 백성에게 서양 문물은 신기하지만 불안한 것이었어. 이것 때문에 세상이 어떻게 바뀔지 모르니까. 그래서 어떤 사람들은 개화하는 것에 반대했지. 실제로 새로운 문물이 들어와서 큰 피해를 입은 사람도 있었단다. 그중 대표적인 사람들이 조선의 군인들이었어.

별기군만 군대냐? 우리도 군인이다!

임진왜란과 병자호란을 거치면서 조선의 군사 제도는 크게 바뀌었어. 그 전까지는 농민들이 일정 기간 동안 군인 노릇을 했는데, 왜란과 호란 이후에 나라에서 봉급을 받는 직업 군인들이 생겨난 거야. 그런데 개항 이후 조선 정부가 신식 군대인 별기군을 만들면서 구식 군대의 군인들을 차별 대우했어.

양반으로 구성된 별기군은 대우가 좋았던 반면 평민들로 구성된 구식 군인들은 월급으로 받던 쌀을 1년 넘게 받지 못하였다. 그러던 중 구식 군인에게 겨와 모래가 섞인 쌀을 지급하려고 하자 구식 군인들은 난을 일으켰다(임오군란, 1882년).

　우리나라 최초의 신식 군대인 별기군은 대부분 양반이었고 일본 교관에게 훈련을 받았어. 별기군은 구식 군인에 비해 높은 월급과 좋은 대우를 받았지. 이에 불만을 가진 구식 군인들이 임오군란을 일으킨 거야. 임오군란은 '임오년(1882년)에 군인들이 일으킨 반란'이라는 뜻이지.

　구식 군인들은 포도청과 의금부를 습격하고 무기를 빼앗아 일본 공사관으로 쳐들어갔어. 포도청과 의금부는 지금으로 치면 경찰청과 대검찰청이라고 할까? 공사관은 국가를 대표하여 파견된 외교 사절이 사무를 보는 곳이고. 구식 군인들에게는 무기도 제대로 지급되지 않았기 때문에 포도청과 의금부를 습격해서 무기를 빼앗은 거야. 그렇다면 일본 공사관으로 쳐들어 간 까닭은? 자신들이 찬밥 신세가 된 것은 일본이 조선의 문을 열고 신식 문물을 들여왔기 때문이라고 생각했으니까. 게다가 별기군은 일본의 후원으로 만들어진 군대였거든. 구식 군대의 무기는 보잘것없었지만 수적으로 많았기 때문에 얼마 되지 않는 별기군이 그들의 반란을 막을 수는 없었어.

구식 군대의 군인들은 흥선 대원군을 찾아가 자신들이 받아야 할 양곡을 빼돌린 부패한 개화파 관리들을 처단하고 다시 나라를 다스려 줄 것을 부탁했어. 왜냐고? 흥선 대원군은 서양 문물을 받아들이는 개화 정책에 반대했으니까. 신식 문물도 오랑캐의 것이라고 싫어했으니, 신식 군대보다 자신들에게 더 잘해 줄 것이라 기대했던 거야.

별기군

이 일로 고종은 궁궐에 감금되다시피 했고, 개화파 관리들을 이끌던 명성 황후는 겨우 도망쳐서 목숨을 건졌단다. 고종이나 명성 황후가 개화에 힘쓴 것은 잘못이 아냐. 개화를 통해서 조선을 부강한 나라로 만들려고 했으니까. 하지만 그 과정에서 이전의 제도나 사람들을 소홀히 여긴 것은 문제였지. 그런데 부당한 대우 때문에 일어난 구식 군대의 반란은 엉뚱한 결과를 낳았어.

구식 군인들과 생활이 어려워진 도시 빈민들은 일본 공사관과 관리들을 공격하였다. 이때 청이 군대를 보내어 난을 진압하였고, 조선의 정치에 더 많이 간섭하기 시작하였다.

늑대가 물러나자 호랑이가 들어온다더니, 일본 공사가 겁에 질려 일본으로 도망치자 호시탐탐 기회를 엿보고 있던 청나라가 움직였어. 청나라는 다시 권력을 잡은 흥선 대원군을 납치해서 구식 군대를 우왕좌왕하게 만들어 놓고는 군대를 보내서 임오군란을 진압해 버렸어. 도망갔던 명성 황후가 돌아오고, 고종도 다시 정치를 하게 되었지. 물론 조건이 있었어. 이제부터 조선 정부에는 청나라와 친한 세력을 채워 넣을 것. 그러고는 청나라 군사 3천여 명을 서울에 머물게 하면서 조선 내부의 일에 사사건건 간섭하기 시작했단다. 마치 조선이 청나라의 지배를 받는 속국이라도 된 것처럼 말이야.

 임오군란과 짜장면의 탄생

> 임오군란 때 청나라에서 군인들만 들어온 것이 아니야. 군인들을 따라 화교들도 들어왔단다. 화교란 외국으로 진출한 중국 사람들을 말하는데, 워낙 인구가 많았던 중국에서는 일찍부터 화교들이 전 세계로 퍼져 나갔어. 우리나라에는 인천으로 들어와 그곳에 정착했지. 그래서 우리나라에서 최초로 짜장면이 탄생한 곳도 인천의 차이나타운이야. 화교들이 원래 중국에서 먹던 면에다 양파를 듬뿍 넣고 춘장을 섞어서 한국식 짜장면을 만든 거란다.

조선을 둘러싼 힘센 나라들의 불꽃 대결

그렇다면 일본은 가만히 있었을까? 그럴 리 없지. 더구나 임오군란 때 구식 군대가 일본 공사관을 습격하는 과정에서 일본인 관리가 사망하는 등 나름 피해를 입었거든. 일본은 조선이 피해를 보상하고 다시 이런 일이 일어나지 않도록 대책을 세울 것을 요구했어. 그러면서 슬쩍 일본 공사관에 자국의 경비병을 파견하기로 했지. 명분은 그럴듯해. 앞으로 임오군란 같은 일이 벌어지면 일본인들을 일본 군인이 보호하겠다는 거야.

하지만 이건 말이 안 돼. 이런 식이라면 지금 서울에 있는 각국 대사관마다 그 나라 군대가 와 있어야 하는 거잖아? 그렇지만 조선 정부는 이 요구를 받아들였고, 처음으로 조선 땅에 일본 군대도 주둔하게 된단다. 여기에다 임오군란을 진압하기 위해 청나라 군대도 들어와 있었으니, 조선은 외국 군대들의 싸움터가 될 판이었어.

여기서 잠깐, 왜 이렇게 여러 나라들이 조선을 가만두지 않았을까? 프랑스는 병인양요, 미국은 신미양요를 일으키고, 청나라와 일본은 군대까지 주둔시켰으니 말이야. 답은 간단해. 조선에서 한 가지라도 이익을 얻기 위해서야. 지난 시간에 이야기했듯이 제국주의 국가들은 다른 나라를 식민지로 만들어야 살아남을 수 있었거든. 그런데 이들이 조선에 온 목적은 나라마다 조금씩 달랐어.

우선 가장 먼저 조선과의 전쟁을 일으켰던 프랑스와 미국은 조선에 물건을 팔아 이익을 얻으려고 했어. 조선의 자원이나 보물을 가져갈 수 있으면 더욱 좋았고. 하지만 이들은 조선 전체를 군사적으

로 점령하려는 목적은 없었어. 그러기에 조선은 너무 멀리 떨어져 있었고, 이들은 이미 다른 식민지를 확보하고 있었으니까 말이야.

한편 러시아는 입장이 조금 달랐어. 영국이나 프랑스 같은 나라에 비해 러시아는 산업 혁명을 늦게 거쳤고, 자본주의 발달도 더뎠지. 겨우 어느 정도 발전을 이룩하고 식민지를 구하려고 나섰는데, 세계는 이미 영국이나 프랑스 같은 유럽 나라들이 몽땅 차지하고 있었던 거야. 그러니 사사건건 영국이나 프랑스랑 부딪칠 수밖에.

더 많은 식민지를 차지하려고 경쟁하던 프랑스와 영국은 새로운 제국주의 국가가 끼어드는 것을 원하지 않았어. 더구나 러시아는 워낙 거대한 나라여서 언제 자기들 식민지를 빼앗아 갈지 몰랐거든. 그래서 러시아가 어딘가로 진출하려고 하면 영국과 프랑스는 손을 잡고 막았단다. 당시 러시아는 가까운 조선으로 진출할 기회를 노리고 있었고, 영국과 프랑스는 막으려고 했지.

청나라는 제국주의 국가가 아니었어. 아직 산업 혁명도 제대로 거치지 못했으니까. 다만 옛날부터 조선에 영향력을 가지고 있었고, 이걸 포기하고 싶지 않았던 거지.

마지막으로 일본은? 일본이야말로 제국주의 국가들 중 막내였어. 하지만 누구보다도 제국주의 국가가 되고 싶은 열망이 강했고, 그러려면 반드시 식민지가 필요했어. 그래서 조선을 침략해서 차지하고자 하는 욕심이 다른 어떤 나라보다도 강했지. 한마디로 당시 조선의 상황은 먼저 제국주의가 된 나라부터 나중에 된 나라까지 몰려들어 불꽃 튀는 경쟁을 벌이고 있었던 거야.

총칼을 들고 일어난 급진 개화파

조선을 노리는 외세가 여럿이었던 탓일까? 조선 사람들의 대응도 여럿으로 갈렸어. 우선 외국의 문물을 받아들여야 한다는 사람들과 거부해야 한다는 사람들로 나뉘었지. 새로운 문물을 받아들여야 한다는 사람들을 개화파라 부른다는 것은 이미 여러 번 말했으니 기억하겠지?

그렇다면 서양 문물을 거부해야 한다는 사람들을 부르는 이름도 있었을까? 물론이지! 위정척사파. 위정척사란 '바른 것을 지키고 사악한 것을 물리친다.'는 뜻이야. 이들이 생각하는 바른 것이란 조선의 전통인 유교이고 사악한 것이란 서양 문물이었어. 흥선 대원군을 비롯해 많은 양반들이 이런 주장을 했어. 이들은 대원군이 정치에서 물러나면서 힘을 잃었다가, 임오군란으로 반짝 힘을 받았지만 대원군이 납치되고 반란이 진압되면서 다시 잠잠해지고 말아.

최익현

내가 바로 위정척사파의 대부, 최익현이오.

그런데 개화파는 다시 둘로 나뉘었어. 차근차근 개화를 하자는 주장과 한꺼번에 개화를 해야 한다는 주장이 맞선 거야. 차근차근 하자는 쪽을 온건 개화파, 한꺼번에 하자는 쪽을 급진 개화파라고 부르지. 온건 개화파는 청나라와 가까웠고, 급진 개화파는 일본과 친했어. 온건 개화파는 전통을 지키면서 근대화를 이루려는 청나라를 따랐고, 급진 개화파는 빠르게 근대화를 이룬 일본을 모델로 삼았거든.

개항 이후 조선 정부에는 흥선 대원군 같은 위정척사파들이 사라지고, 온건 개화파와 급진 개화파가 뒤섞여 있었어. 덕분에 조선은 청나라와 일본 사이에서 중립을 지킬 수 있었던 거야. 그러다 임오군란이 터지면서 온건 개화파가 중요한 자리에 오르고 급진 개화파는 밀려나게 되었어. 왜냐고? 임오군란 이후 청나라의 간섭이 심해졌으니까. 당연히 청나라는 자신과 친한 온건 개화파에게 힘을 실어 주었거든. 가뜩이나 조급하게 개화를 추진했던 급진 개화파는 더욱 조바심이 났어. '이대로 온건 개화파가 계속 권력을 잡고 있으면 개화는 언제 하나? 이 기회를 놓치면 조선의 근대화는 영영 불가능해질 것 같은데……' 급진 개화파는 이런 생각을 갖게 되었단다.

어느 날, 급진 개화파가 한자리에 모였어. 급진 개화파의 리더였던 김옥균, 초대 우정 총판 홍영식, 일본 유학생 서재필, 미국 유학생 윤치호 등이 앞으로의 일들을 의논했지. 그리고 이들은 결심했어. 비상사태니만큼 다소 과격한 방법을 쓰기로.

어떻게? 무력으로 온건 개화파를 제거하고 자신들이 정권을 잡는 거야. 언제? 우정 총국이 문을 여는 날. 이날 축하 잔치에 여러 대신들이 한꺼번에 모이니 딱 좋지. 초대

내가 바로 급진 개화파의 리더, 김옥균이오.

갑신정변을 일으킨 급진 개화파

우정 총판인 홍영식이 급진 개화파니 조건도 좀 좋아? 더구나 평소 친하게 지내던 일본이 도와주겠다고 약속을 했고, 마침 청나라는 프랑스와 전쟁을 시작해서 조선에 있던 청나라 군대 일부가 떠난 상황이었어.

그리하여 1884년 12월 4일, 급진 개화파는 권력을 잡기 위해 정변(총칼 등 무력을 동원해 권력을 잡는 일)을 일으켰어. 이 사건을 갑신정변이라고 하는데, 갑신년(1884년)에 일으킨 정변이라는 뜻이지. 임오군란이 일어나고 2년 만에 벌어진 일이었어.

정변은 우정총국에서 시작되었어. 날이 어두워지자 조선 최초의 우체국이 문을 연 것을 축하하기 위해 사람들이 몰려들었어. 온건 개화파의 핵심 인물들도 여럿 있었지. 술이 돌고 분위기가 무르익을 무렵, 갑자기 밖에서 "불이야!" 하는 소리가 들렸어. 이 소리가 들리면 정변을 일으키기로 미리 약속을 해 놓았거든. 연회장에 있

던 급진 개화파는 온건 개화파를 공격하기 시작했어. 김옥균을 비롯한 급진 개화파는 창덕궁으로 몰려갔어. 고종을 자신들이 보호해야 했으니까. 왕을 등에 업어야 정변이 성공할 수 있거든. 여기에 약속대로 일본군이 출동해서 정변을 도왔어. 결과는 성공!

이제 완전히 정권을 잡은 급진 개화파는 청나라를 몰아내고 사회 제도를 고치기 위한 혁신적인 개혁안을 발표했어.

갑신정변의 개혁안(일부)

1. 청나라에 바치던 조공을 폐지한다.
2. 부정한 관리를 처벌한다.
3. 백성이 빚진 쌀을 모두 면제한다.
4. 죄인을 다시 조사하여 죄 없는 자는 석방한다.
5. 신분 제도를 없애고, 능력에 따라 관리를 임명한다.
6. 근대적인 기구를 만들어 일을 분담하고 추진한다.

구구절절이 옳은 말이네. 하지만 여기에는 결정적인 함정이 있었어. 이러한 개혁을 '일본의 도움'을 받아 하겠다는 것. 급진 개화파는 일본이 이러한 개혁을 도와줄 것으로 믿었어. 하지만 일본의 속셈은 뭐였지? 조선을 식민지로 만들겠다는 것이었지. 그러기 위해서는 우선 청나라를 몰아내야 하니까 급진 개화파를 돕겠다고 한 거야.

삼일천하로 끝난 갑신정변

자, 이제 정권을 잡았으니 개혁 정책들을 행동에 옮기기만 하면 되는 거겠지? 하지만 상황은 급진 개화파의 뜻대로 움직이지 않았어. 청나라 군대가 갑신정변을 진압하려고 출동했거든. 자기들을 몰아내겠다는데 청나라가 가만있을 리가 없잖아? 급진 개화파는 일본이 청나라 군대를 물리칠 것으로 생각했지. 그런데 일본군은 제대로 싸움도 안 하고 슬그머니 도망가 버렸어. 아직 청나라를 상대하기에는 일본의 힘이 약했거든. 급진 개화파는 철석같이 믿었던 일본에 배신을 당한 셈이지.

결국 급진 개화파는 정권을 잡은 지 며칠 만에 쫓겨나게 되었어. 이 과정에서 정변을 주도한 김옥균, 박영효 등 9명은 가까스로 살아남아 일본으로 도망쳤고, 홍영식을 비롯한 많은 이들이 죽임을 당했어. 정변을 일으킨 지 딱 3일 만에 실패로 돌아간 거야. 그래서 갑신정변을 '삼일천하'라고도 불러. 딱 3일 동안만 천하를 손에 넣었다는 뜻이야.

갑신정변의 결과 조선에 대한 청나라의 영향력은 더욱 커졌어. 또한 청나라와 일본은 조선에서 군대를 철수하는 것에 합의하고, 만약 다시 조선에 군대를 파견하게 된다면 그 사실을 상대방에게 알리기로 했단다.

개화파가 주도한 갑신정변은 실패했지만 조선 사회를 적극적으로 개혁하여 근대 국가를 만들려고 했다는 점에서 의미가 있어.

그러면 갑신정변이 실패한 가장 큰 이유는 뭘까? 일본이 끝까지

도와주지 않아서? 급진 개화파가 너무 성급해서? 많은 역사학자들은 이들이 백성을 놔두고 일본에 의지했기 때문에 실패했다고 생각해. 사실 급진 개화파가 내놓은 개혁 정책은 백성들이 공감할 수 있는 것들이었거든. 그런데 이들은 백성들에게 가까이 가는 대신 일본에 기대는 쪽을 선택했어. 이렇게 되자 백성들은 급진 개화파가 주장하는 내용보다 그들이 일본에 붙어 있는 모습만 보게 된 거야. 평소 일본의 침략에 반감을 품고 있던 백성들은 급진 개화파도 믿지 않은 거고.

사회를 바꾸는 진짜 힘은 외세가 아니라 그 나라 백성으로부터 나오는 법이야. 사회 개혁을 가장 바라는 것도 백성들이고 말이야. 갑신정변은 실패했지만 백성들은 스스로 사회를 개혁하기 위해 일어섰어. 어떻게? 이건 다음 시간에 자세히 알아보도록 하자.

다음 중 갑신정변 때 급진 개화파가 주장한 내용이 아닌 것은?

① 부정한 관리를 처벌한다.
② 신분 제도를 없앤다.
③ 일본과의 관계를 끊는다.
④ 백성이 빚진 쌀을 모두 면제한다.

정답 | ③번. 급진 개화파는 일본과의 관계를 중요하게 생각했어. 오히려 청나라에 예물을 바치던 '조공'을 중단해야 한다고 주장했지.

 역사 현장 답사

우리나라 최초의 우체국, 우정총국

서울 종로 안국동 사거리에서 종각 방향으로 난 길을 따라 조금 걷다 보면 '우정총국'이라는 이정표를 만나게 돼. 이정표가 가리키는 곳을 보니 기와지붕의 옛 건물 앞에 붉은 우체통이 눈에 띄네. 이곳이 바로 100여 년 전에 문을 연 우리나라 최초의 근대 우체국이자 삼일천하로 끝난 갑신정변이 벌어진 역사의 현장, 우정총국이야.

이곳에서 살펴봐야 할 것은 크게 두 가지야. 하나는 우리나라에 들어온 근대 문물의 모습이고, 다른 하나는 정변을 일으켜서라도 한반도의 근대화를 앞당기고자 했던 급진 개화파의 이야기지. 근대 문물은 우정총국 곳곳의 전시물들을 통해 자연스레 알 수 있어. 한복을 입고 우편 가방을 들고 있는 초창기 우편집배원(체전부)의 모형이나 당시 실제로 사용했던 날짜 도장 등을 통해서 말이야. 급진 개화파의 모습은 빛바랜 사진 속에 있어. 아까 수업 시간에 조선 관리와 미국 관리가 함께 찍은 기념사진을 봤지? 그게 바로 초대 우정 총판 홍영식이 참여한 '보빙사절단'의 모습이야.

우정총국 내부

여기서 질문 하나! 그럼 우정총국이 세워지기 이전에도 사람들은 편지를 주고받았을까? 물론 그 전에도 한반도의 사람들은 편지를 주고받았어. 전화도 이메일도 없었던 시대에는 편지가 유일한 연락 수단이었

지. 그렇다면 어떻게? 사람을 통해서! 양반들이나 부자들은 종에게 편지 심부름을 시켰고 평민들은 편지를 전하고자 하는 곳으로 가는 사람에게 부탁을 했어.

우정총국을 둘러보는 데는 30분 정도면 충분해. 평일에는 이곳에서 우편 업무도 하니, 우리나라 최초의 우체국에서 편지를 써 보는 것은 어떨까? 우정총국 입구에 있는 '느린 우체통'을 이용하면 1년 뒤에 배달을 해 준대. 미래의 나에게 지금의 내가 편지를 보내는 것도 재미있겠지?

우정총국 바로 옆에는 도심 속 사찰인 조계사가 있어. 불교 신자가 아니더라도 한 번쯤 둘러보면 좋은 곳이야. 길 건너에는 걷는 것만으로도 재미난 인사동 골목이 꼬리에 꼬리를 물고 이어지고. 서울에서 몇 안 남은 골목 산책도 좋은 추억이 될 거야.

체전부(우편집배원)

1887년에 발행된 전보

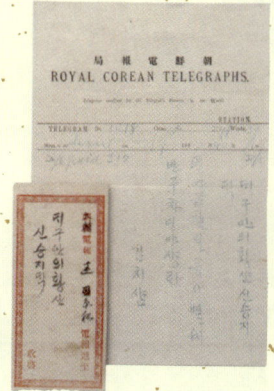

1884년 발행된 우리나라 최초의 우표

::알아 두기::
가는 길 지하철 3호선 안국역 6번 출구로 나오면 걸어서 딱 5분.
관람 소요 시간 30분이면 충분해.
휴관일 1월 1일, 설날, 추석.
추천 코스 하나뿐인 전시실을 꼼꼼히 둘러본 뒤, 1년 뒤에 도착하는 편지를 써 보자.

5교시

못 살겠다, 갈아 보자!
동학 농민 운동과 갑오개혁

전주역사박물관

새야 새야 파랑새야~
눈물 없이 부를 수 없는 노래야.

> 새로운 문물이 들어오고, 임오군란과 갑신정변까지 일어나니 조선은 걷잡을 수 없는 혼란에 빠져들었어. 이 틈을 타 자기 욕심만 채우려는 관리들까지 극성을 부렸지. 그러니 백성들의 생활은 날이 갈수록 어려워질 수밖에. 부글부글 끓던 백성들의 불만은 마침내 뻥 하고 터져 나왔는데, 그게 바로 동학 농민 운동이란다.

새야 새야 파랑새야,
녹두밭에 앉지 마라.
녹두꽃이 떨어지면,
청포 장수 울고 간다.

이 노래를 들어 본 적 있니? 엄마 아빠 들은 누구나 알고 있는 「새야 새야」라는 옛날 동요야. 아이들 노래답지 않게 무척 슬프고 처량하단다. 여기에는 아주 슬픈 이야기가 담겨 있기 때문이지. 바로 동학 농민 운동과 녹두 장군 전봉준의 이야기야. 그럼 지금부터 그 이야기를 시작해 볼까? 전라북도 전주에 있는 전주역사박물관으로 자리를 옮겨서 말이야.

전주역사박물관에는 모두 3개의 상설 전시관이 있는데, 오늘 우리가 살펴볼 곳은 '동학농민혁명실'이야. 어? 그런데 여기서는 '운동'이 '혁명'으로 바뀌었네. 지난 시간의 산업 혁명에 이어 다시 한 번 혁명이라는 말이 나왔군. 어떤 운동이 좀 더 빠르고 근본적인 변화를 일으킬 때는 혁명이라 부르기도 한단다.

전시실 입구에는 '일천팔백구십사년 전주'라는 제목 옆에 아까 본 「새야 새야」의 가사가 새겨져 있어. 1894년은 갑오년이었어. 이 해에 동학을 믿던 농민들은 관리들의 부정부패와 외세의 침략에 항의해 봉기했고, 전주에서 관군과 싸워 크게 승리했단다. 이것이 바로 전주역사박물관에 동학농민혁명실이 있는 이유이기도 해. 그런데 왜 하필이면 갑오년에, 하필이면 동학을 믿는 농민이, 하필이면 전주에서 큰 싸움을 벌이게 된 것일까?

동학 농민들, 탐관오리를 처단하라!

이 질문들에 대한 답을 찾으려면 이전 상황부터 알아야겠지?

개항 이후 물가는 계속 오르고 지방 관리들의 횡포는 더욱 심해져 갔다. 동학은 생활이 어려워진 백성들의 마음을 움직여 농촌을 중심으로 퍼져 나갔다.

4권에서 동학은 2대 교주 최시형에 이르러 더욱 널리 퍼져 나갔다고 이야기했었지? 최시형이 관아에 잡히지 않으려고 여러 지방을 돌아다닌 것이 오히려 도움이 되었어. 최시형은 단순히 도망만 다닌 것이 아니라 어디서나 동학을 전파했거든. 농민들의 생활이 어려워진 것도 동학이 널리 퍼지는 데 한몫했어. 먹고살기가 힘드니 종교에 의지하게 되었던 거지. 더구나 동학은 모두가 평등한 새로운 세상이 온다고 가르쳤으니까 농민들의 환영을 받았어.

동학에서는 늘어난 교도들을 관리하기 위해 '포'와 '접'이라는 조직을 만들었어. 작은 단위인 포가 모이면 접이 되었는데, 접을 지도하는 사람을 접주라고 불렀지. 이러한 동학 조직을 통해 농민들이 모이다 보니 자연스럽게 현실에 대한 불만들이 터져 나왔어. 세금이 너무 많다, 관리들이 못살게 군다, 서양 세력이 꼴 보기 싫다 등등. 농민들의 불만은 차곡차곡 쌓여서 작은 불꽃이라도 튄다면 금방 폭발할 듯이 부풀어 올랐단다.

 **탐관오리는 오리가 아니다!**

> 선생님이 옛날에 여러분만 할 때, 탐관오리란 말을 처음 듣고는 '이건 무슨 오리지? 청둥오리랑은 다른 건가?' 하고 생각했었어. 물론 탐관오리는 오리가 아니야. '탐욕스럽고 행실이 깨끗하지 못한 관리'라는 뜻이지. 그런데 탐관오리는 관직을 사고파는 매관매직과 관련이 깊단다. 세도 정치가 기승을 부릴 때 매관매직 또한 흔한 일이 되었거든. 큰돈을 주고 관직을 산 관리가 본전을 뽑으려고 백성들을 쥐어짜면서 탐관오리가 더욱 늘어나게 된 거야.

　그러던 1894년 1월, 전라도 고부에서 동학 농민들이 들고 일어났어. 몇 해 전에 부임한 고부 군수 조병갑이 온갖 부정을 저지른 탐관오리였거든. 자기 아버지를 기리는 비석을 세우겠다고 돈을 걷고, 생일이다 잔치다 온갖 이유를 붙여 백성들의 재산을 빼앗아 갔지. 게다가 멀쩡한 저수지를 놓아두고 새로운 저수지를 파게 한 다음 물값까지 받은 거야. 참고 또 참던 농민들이 드디어 폭발했어.

　봉기를 주도한 중심인물은 고부의 동학 접주였던 전봉준. 원래 서당 훈장으로 아이들을 가르쳤던 전봉준은 백성들의 비참한 처지에 누구보다 마음 아파했어. 결국 사발통문을 돌려 가며 봉기에 뜻을 모으고, 한날한시에 무기를 들고 관아로 쳐들어갔지.

아, 그런데 사발통문이 뭐냐고? 이건 실물을 보면서 설명해 줄게. 동학농민혁명실 안쪽으로 조금 더 들어가면 사람들 이름이 동그란 원을 이루고 있는 문서가 보여. 어떤 일을 함께하기로 결의한 사람들이 자신들의 뜻을 밝히는 글을 쓰고 서명을 한 거야. 그 옆에는 동그란 사기그릇이 있는데 이게 바로 국그릇이나 밥그릇으로 쓰이는 사발이야. 엎어 놓은 사발 모양으로 빙 둘러 가며 이름을 적었기 때문에 '사발통문'이라고 부르는 거란다.

그런데 왜 위에서 아래로 순서대로 이름을 쓰지 않고 사발을 중심으로 빙 둘러 가며 썼을까? 만약의 경우 일이 잘못되어 관아에 잡혀갔을 때, 누가 주동자인 줄 모르게 하려고 그런 거야. 위에서부터 순서대로 이름을 쓰면 제일 위에 이름이 있는 사람이 주동자로 몰려 큰 화를 당할 게 뻔하니까 말이야.

사발통문

동학 농민군 조각(부분)

　사발통문 앞에 전시된 조각 속 인물들이 바로 이때 고부에서 봉기한 동학 농민군들이야. 가운데에서 약간 왼쪽에 앉아 있는 사람이 바로 전봉준이란다. 농민군들은 대나무를 뾰족하게 만든 죽창을 들고 있네. 비록 무기는 보잘것없었지만 분노한 농민들은 고부 관아로 쳐들어갔고, 군수 조병갑은 도망쳐 버렸어.

　관아를 점령한 농민군은 창고에 가득한 곡식들을 백성들에게 나누어 주었어. 그제야 나라에서는 부랴부랴 관리를 파견해 탐관오리를 처벌하겠다고 약속했지. 전봉준과 농민들은 관리의 말을 믿고 집으로 돌아갔어.

그런데 이게 웬걸, 얼마 뒤 새로 온 관리가 말을 싹 바꾸고 마을을 찾아다니며 봉기에 참여했던 농민들을 잡아들이기 시작한 거야. 그러면서 농민들의 살림까지 강제로 빼앗아 갔어. 그렇다면 하는 수 없지. 다시 봉기를 일으키는 수밖에.

고부에서 일어나 전주에서 승리하다

이번에도 전봉준이 앞장을 섰어. 그와 함께 다시 일어난 농민군은 정읍의 황토현에서 관군에 크게 승리하고(황토현 전투, 1894년 5월) 고창, 장성 등 전라도 일대를 점령해 버렸어. 그러고는 전라도에서 가장 큰 전주성마저 손에 넣었단다. 지금도 그렇지만 그때도 전주는 전라도에서 중요한 지역이었어. 전라도라는 이름이 전주와 나주의 앞 글자를 딴 것만 봐도 알 수 있지.

전라도에서 농민군이 승승장구한다는 소식이 전해지면서 그동안 참고만 있었던 전국의 농민들이 들고 일어났어. 이때도 동학 조직은 농민군이 봉기하는 데 큰 도움이 되었어. 충청도, 경상도, 경기도뿐 아니라 강원도까지 봉기의 물결이 휩쓸었지.

그런데 좀 이상하지 않아? 아무리 농민군이 용감해도 그렇지, 관군은 왜 이렇게 맥없이 무너졌을까? 이건 지난 시간에 배운 임오군란을 생각해 보면 답을 알 수 있어. 그 무렵은 군인들에게 먹을 것을 제대로 못 줄 정도로 나라 사정이 엉망이었거든. 그러니 제대로 싸울 수도 없었던 거야.

그렇다면 이제 조정의 선택은? 농민들의 요구대로 탐관오리들을 처벌하고 사회 개혁을 받아들였을까? 불행히도 아니었어. 그 대신 청나라에 긴급 에스오에스를 쳤어. 임오군란 때 그랬듯이 이번에도 군대를 보내 달라고. 아무리 생각해도 이건 최악의 선택이야. 제 나라 백성들을 제압하려고 남의 나라 군대를 불러들이다니 말이

야. 안 그래도 다시 군대를 파견해 조선을 제 마음대로 주무르고 싶었던 청나라는 옳다구나 싶어 군대를 보냈고, 이 소식을 들은 일본도 조선으로 급히 군대를 파견했어. 조선에서의 주도권을 청나라에 빼앗기고 싶지 않았거든. 이제 농민군은 관군이 아니라 외국 군대와 조선 땅에서 전쟁을 벌여야 하는 상황이 된 거야. 이때 전주에 있던 전봉준을 비롯한 농민군 지도부는 결단을 내렸어. 외세인 청나라와 일본을 몰아내는 것이 더 시급하다고 판단해 조정과 화해하기로 결정한 거야. 단, 농민군이 원하는 개혁안을 조정이 받아들인다는 조건으로 말이야. 그래서 농민군 대표와 조정 대표가 전주에서 화약(화해하자는 약속)을 맺었단다.

농민군이 요구한 개혁안은 무엇일까? 탐관오리를 벌하고, 이유 없이 걷는 세금을 없애 달라는 것이었어. 또한 노비 문서를 불태우고, 과부의 재혼을 허락하며, 농민의 세금 부담을 줄이라는 요구도 했어. 다급했던 조정은 이 요구를 받아들여 농민군과 화해의 약속을 맺은 거야. 농민군은 집강소라는 기관을 설치해서 자신들의 요구 사항이 제대로 지켜지는지 감시했지.

그런데 문제가 생겼어. 농민군과 화해한 조선 정부는 청나라와 일본 군대에게 자기 나라로 돌아갈 것을 요청했으나 떠날 생각을 안 하는 거야. 이 두 나라는 조선을 손아귀에 넣기 전에는 떠날 생각이 없었거든. 그렇다면? 전쟁! 1894년 청나라와 일본이 조선의 지배권을 차지하기 위해 싸운 이 전쟁을 '청일 전쟁'이라고 해. 누가 이기든 전쟁의 가장 큰 피해자는 조선의 백성들일 수밖에 없었어.

　전쟁은 바다와 육지에서 두 달 동안 치열하게 벌어졌고, 결국 일본이 승리했어. 이제 일본은 조선에서 거리낄 것이 없어졌어. 임오군란 이후 친청파였던 조선 정부를 친일파로 바꿔 버리고, 조선 침략을 착착 진행했지.

　이런 상황이 올까 봐 조정과 화해를 하고 전주성에서 물러났던 농민군은 더 이상 보고만 있을 수가 없었어. 지난번에 관군과 싸워 승리했던 농민군은 이번에는 일본군과 싸우기 위해 다시 일어섰어. 하지만 더욱 어려운 싸움이 될 게 뻔했어. 상대는 임오군란을 진압했던 청나라 군대를 이긴 일본군이잖아. 구식 군대의 반란에도 속수무책이었던 관군과는 차원이 다르다고. 과연 결과는 어떻게 되었을까? 농민군의 마지막 봉기 과정을 함께 따라가 보자.

녹두꽃이 떨어지다

동학 농민군이 다시 봉기하기로 결정한 것은 청일 전쟁에서 일본군의 승리가 확실해질 무렵이야. 이렇게 전국에서 몰려든 농민군들은 줄잡아 20만 명. 이 정도면 일본군이 아무리 강하다 해도 충분히 해 볼 만한 싸움이 되겠군. 일본군과 관군은 합쳐 봐야 수천 명에 불과했으니 말이야. 하지만 안타깝게도 현실은 그렇게 만만하지 않았어. 농민군은 여기저기서 관군과 일본군에 밀리기만 했거든.

마침내 공주의 우금치라는 곳에서 수만 명의 동학 농민군이 2,500여 명의 관군, 200여 명의 일본군과 맞붙게 되었어. 이게 바로 동학 농민 운동의 운명을 가른 우금치 전투(1894년 11월)야. 결과는 안타깝게도 농민군의 참패. 불과 며칠 동안의 전투에서 농민군들의 시체가 산처럼 쌓일 만큼 처참한 패배였어.

동학농민혁명실에는 당시 농민군과 일본군이 썼던 무기가 전시되어 있어. 연달아 총알이 발사되는 연발총과 대포 등 최신 무기로 무장한 일본군에게 농민군의 화승총은 제대로 힘을 써 보지도 못했어. 부싯돌로 불을 붙여서 쏘아야 하는 화승총은 한 발을 쏘는 데만 30초가 걸리고 비만 오면 무용지물이었으니까. 더구나 이런 화승총마저도 없어서 죽창이나 돌멩이를 가지고 대항한 농민군들도

우금치 전투 기록화

많았어. 이들은 목숨을 걸고 용감하게 싸웠지만 대포와 연발총을 당해 낼 수 없었지. 더구나 일본군은 잘 훈련받았고 전쟁 경험도 풍부했지만, 농민군은 제대로 훈련을 받지도 못했거든. 이런 차이를 뛰어넘지 못한 농민군은 패배를 거듭했고, 결국은 뿔뿔이 흩어지게 되었어.

전봉준도 농촌 마을에 몸을 숨겼지만, 1894년 12월에 현상금을 탐낸 옛 부하가 몰래 일러바쳐 일본군에 잡히고 말아. 전봉준에게는 어마어마한 현상금이 걸려 있었거든. 한양으로 끌려온 전봉준은 모진 고문을 받지만 끝까지 동료들의 이름을 말하지 않았어. 자신이 한 일에 대해서는 당당하게 말했지. 하지만 결국 반역죄로 사형을 당하고 말았단다. 이때가 그의 나이 41세. 가난한 양반 집안에서 태어나 아이들에게 한문을 가르치던 훈장 선생님은 탐관오리의 횡포에 맞서 농민군을 이끌다가 사형장의 이슬로 사라지게 된 거야.

전봉준의 사형 소식을 들은 농민들은 녹두 장군이 세상을 떴다며 슬퍼했어. 녹두 장군은 전봉준의 별명이야. 녹두알은 곡식 중에서도 아주 작은 편인데, 전봉준의 키가 작아서 이런 별명이 붙었대.

이제 아까 수업 시작할 때 보았던 동요의 뜻을 알겠니? 이 노래에서 녹두꽃은 전봉준을 가리키는 말이야. 파랑새는 푸를 청(靑) 자와 발음이 같은 청(淸)나라 군대, 혹은 푸른 군복을 입었던 조선의 관군이나 파란 모자를 썼다는 일본군을 뜻해. 그렇다면 청포 장수는?

체포되어 한양으로 보내지는 전봉준

전봉준은 체포된 뒤에도 조금도 굴하지 않고 당당했대.

전봉준과 농민군들이 승리하길 바랐던 백성들이 되는 거지. 이 노래에는 전봉준이 이끄는 농민군이 관군과 외국군을 몰아내길 바라는 백성들의 마음이 담겨 있어. 하지만 백성들의 바람과는 달리 결국 녹두 장군 전봉준은 녹두꽃처럼 떨어지고 만 거야.

근대의 문을 연 갑오개혁

동학 농민 운동은 결국 실패했지만 녹두 장군과 농민군의 희생이 헛된 것만은 아니었어. 농민들의 주장을 어느 정도 받아들인 개혁이 추진되었거든. 이게 바로 '갑오개혁'(1894년)이야. 갑오년에 일어났기 때문에 이런 이름이 붙었지. 갑오개혁은 정치, 경제, 사회 전반에 걸친 제도 개혁을 통해 유교 중심의 조선 사회를 근대 국가로 바꾸기 위한 노력이었어.

근대 국가에서는 신분에 상관없이 누구나 평등한 권리를 가져야 했어. 그러기 위해서는 양반과 상민의 구별이 있으면 안 되겠지? 여기에 산업을 발달시켜서 부강한 나라를 이룩해야 비로소 근대 국가가 완성되는 거야. 그러니까 갑오개혁이란 조선을 서양 같은 근대 국가로 만드는 데 걸림돌이 되는 옛날 제도들을 바꾸려는 개혁이었어. 그렇다면 무엇을 어떻게 바꿨는지 오른쪽에서 그 내용을 살펴볼까?

1번은 어디서 본 것 같지? 맞아, 강화도 조약의 1조가 이와 같은 내용이었어. 일본이 조선을 침략하기 위해서 만들어 넣은 조항이

갑오개혁의 주요 내용

1. 청나라에 의존하지 않고 자주독립의 기초를 세운다.
2. 과거 제도를 폐지하고, 능력 위주로 관리를 뽑는다.
3. 신분 제도를 없앤다.
4. 세금을 모두 법으로 정하고 그 이상 거두지 못한다.
5. 백성을 함부로 가두거나 벌하지 말며, 백성의 생명과 재산을 보호한다.
6. 도량형(길이, 양, 무게를 재는 단위법)을 통일한다.

라고 했던 것, 기억나지? 이것도 마찬가지야. 갑오개혁을 이끈 것은 친일파로 채워진 정부였으니까. 자주독립이라는 말 자체는 좋은 것이지만 그 말을 친일파가 했다는 것이 문제지. 이들이 말하는 자주독립이란 청나라 대신 일본에 기대는 것이거든.

2번은 조금 이상하네. 과거 시험은 신분에 상관없이 능력 위주로 사람을 뽑는 제도 아닌가? 하지만 조선 후기로 들어와 사정이 달라졌어. 세도가의 자식들은 각종 부정행위를 총동원해서 과거에 합격했거든. 더구나 과거의 시험 과목은 유교 경전이었는데, 이건 서양식 근대 사회를 만드는 데 필요한 공부가 아니었으니까.

3, 4, 5번이야말로 동학 농민군들이 바라던 것들이지. 동시에 산업이 발전하기 위해서도 필요한 것들이야. 신분에 따라 사람을 차별하거나, 함부로 세금을 거두거나, 관리들이 제 마음대로 백성의 재산을 빼앗으면 누가 열심히 일하려고 하겠어? 당연히 산업도 발

전하지 못할 것이고 말이야. 이렇듯 갑오개혁에는 백성들이 바라던 내용이 많이 들어가 있음에도 불구하고, 대다수의 백성은 갑오개혁에 반발했단다. 어째서일까?

📖 청일 전쟁과 동학 농민 운동에서 승리한 일본은 조선 정치에 더욱 간섭하였다. 조선은 신분제와 과거제를 폐지하여 국가를 다시 정비하고자 하였으나 일본의 간섭으로 자주적인 개혁을 할 수 없었다.

갑오개혁을 추진한 주체가 친일파 정부와 일본이었던 게 문제였어. 백성들은 일본과 친일파를 싫어했으니 그들이 추진한 개혁도 싫어할 수밖에. 게다가 충분한 준비 없이 성급하게 시행되어 반발이 더욱 커졌어. 결국 갑오개혁은 실패했고, 일본의 간섭은 더욱 심해졌지. 그래도 갑오개혁은 조선 사회를 바꾸는 중요한 계기가 되었단다.

다음 중 동학 농민군이 주장했던 내용이 아닌 것은?

① 과부도 재혼을 할 수 있어야 한다.
② 외국 군대가 들어온다 하더라도 관군과 손을 잡을 수는 없다.
③ 탐관오리를 처벌하고 노비 문서를 불태우자!
④ 이유 없이 걷는 세금을 없애라!

정답 | ②번. 농민군은 외국 군대를 내보내기 위해 관군과 화해의 약속을 맺었어.

교과서에 안 나오는 이야기

가상 인터뷰! 녹두 장군 전봉준을 만나다

동학 농민 운동을 일으켰다는 죄로 체포되어 서울로 끌려온 전봉준은 조선의 관리뿐 아니라 일본인에게도 오랜 시간 동안 심문을 받았어. 지금도 그 심문 기록이 남아 있는데, 그 기록을 바탕으로 인터뷰 내용을 재구성해 보았어.

 왜 고부에서 봉기를 일으켰나요?

 당시 고부 군수가 제 마음대로 거둔 세금이 수만 냥이어서 백성들의 원한이 하늘을 찔렀소. 나 혼자만 잘 먹고 잘 사는 것이 어찌 대장부가 할 일이겠소? 백성들을 위해 탐관오리의 잘못을 고치려 한 것뿐이오.

 그렇다면 왜 억울한 사정을 관가에 고하지 않았지요?

 관가에 고한 것이 헤아릴 수 없이 많소. 상부 기관인 감영과 읍에도 올렸소. 매번 내가 직접 백성들의 억울함을 적어 올렸으나 소용이 없었다오.

 어찌해서 봉기의 주모자가 되었나요?

 백성들이 모두 나를 추대하였기에 그들의 말을 따랐을 뿐이오. 백성 수천 명이 내 집 근처에 모여 나를 지도자로 추대하였소. 내가 다소나마 글을 이해할 수 있었기 때문이라고 생각하오.

 전녹두는 누구인가요?

 그걸 모른단 말이오? 세상 사람들이 나를 부르는 이름이오.

 역사 현장 답사

전주의 역사를 만나다, 전주역사박물관과 국립전주박물관

전주역사박물관 내부

　전주의 어제와 오늘을 만날 수 있는 전주역사박물관은 아까 수업 시간에 꼼꼼히 둘러본 동학농민혁명실 말고도 볼거리가 많아. 우선 박물관 1층은 선사 시대부터 고려까지 전주의 역사를 전시해 놓았어. 전통 한지로 유명한 고장답게 한지로 만들어 놓은 전주 시내 모형이 눈길을 끄네. 삼국 시대에 백제 땅이었던 전주는 통일 신라 시대를 거쳐 후삼국 시대에 이르러 후백제의 중심 도시로 떠올라. 하지만 후백제가 무너지면서 역사의 중심에서 멀어지게 되었지.
　전주가 다시 사람들의 주목을 받기 시작한 것은 조선 왕조가 들어서면서부터야. 태조 이성계가 바로 전주 이씨였거든. 전주는

동학 농민군 지도자상

조선 왕조가 태어난 고장으로 유명해졌지. 또한 지금의 전라도청에 해당하는 전라 감영이 전주에 자리 잡으면서 전주는 전라도 최대의 도시로 성장했어. 조선 시대에는 한양, 평양과 함께 '조선의 3대 도시'라는 별명도 얻었단다. 이러한 전주의 화려한 성장은 박물관 5층에 있는 조선시대실에서 확인할 수 있어.

4층의 동학농민혁명실에서 아까 수업 시간에는 보지 못했던 유물 하나만 더 볼까? 전시실 끄트머리에 있는 '동학 농민군 지도자상' 말이야. 이건 일본 홋카이도 대학에서 발견된 동학 농민군 지도자의 유골을 토대로 만든 인물상이래. 동학 농민군 지도자의 유골이 왜 일본까지 가게 되었는지는 확실치 않아. 다만 이 사람이 동학 농민군의 우두머리이며 한국의 진도에서 발견되었다는 쪽지가 붙어 있었대. 이분도 전봉준처럼 백성을 위해 목숨을 바쳤으니 그 앞에서 잠시 묵념을 하는 것은 어떨까.

전주역사박물관 조선시대실(위)과
국립전주박물관(아래)

전주역사박물관 바로 옆에는 국립전주박물관이 있어. 이곳 역시 전주의 역사를 시대별로 전시하고 있는데, 고려 시대 유물부터 불교 미술 작품, 각종 역사 자료 등 전라북도 지역의 문화유산을 만날 수 있어. 국립전주박물관 앞마당은 넓은 야외 전시실로 꾸며져 있으니 유물들을 감상하면서 산책하기도 좋단다.

:: 알아 두기 ::
가는 길 전주역이나 버스 터미널에서 박물관행 버스를 타면 1시간쯤 걸려.
관람 소요 시간 전주역사박물관과 국립전주박물관까지 모두 둘러보려면 2시간 이상 잡아야 해.
휴관일 1월 1일, 설날, 추석.
추천 코스 전주역사박물관을 먼저 관람한 다음 국립전주박물관으로 가서 야외 전시실을 산책한 후 내부 전시실을 둘러보면 딱 좋아.

6교시
우리 근대화는 우리 힘으로!
고종과 대한 제국

> '청일 전쟁에서 승리한 일본의 침략을 막을 길은 없을까?' 고민하던 고종과 명성 황후는 러시아와 손을 잡았어. 오랑캐를 이용해 오랑캐를 물리친다는 전략이었지.
> 다행히 이 전략은 어느 정도 통했어. '그럼 이번 기회에 우리 손으로 자주적 근대 국가를 만드는 것은 어떨까?' 이것이 고종이 대한 제국을 선포한 이유야.

　이곳은 서울 한복판에 있는 어느 호텔의 정원이야. 무슨 수업을 호텔 정원에서 하느냐고? 여기는 그냥 호텔 앞마당이 아냐. 지금 여러분 눈앞에 있는 것은 호텔 정원을 장식하는 정자가 아니고.

　이곳은 지금으로부터 120여 년 전인 1897년, 고종이 대한 제국을 선포하고 스스로 황제의 자리에 올라 하늘에 제사를 지낸 곳이란다. 1913년에 일제에 의해 헐리고 그 자리에 호텔이 들어섰지만 원래 여기에는 황제가 하늘에 제사를 지내던 건물인 환구단이 있었어. 이걸 원구단이라 부르기도 하는데, 어느 것이 진짜 이름인지는 아직 확실치 않아. 그렇다면 눈앞에 보이는 옛날 정자 같은 건물은? 하늘과 땅의 모든 신령의 위패를 모셔 놓은 황궁우라는 곳이야. 환구단의 부속 건물이라고 할 수 있지.

황궁우와 환구단

여기서 드는 의문 몇 가지. 고종은 왜 수백 년을 이어 온 조선이라는 이름을 버리고 대한 제국으로 나라 이름을 바꾸었을까? 그것도 외세의 침략으로 조선의 운명이 바람 앞의 등불 같던 때에 말이야. 그리고 스스로 황제의 자리에 오른 이유는 뭘까? 조선 시대 내내 그 어떤 왕도 황제의 자리에 오르지 않았는데 말이야. 또 하필 이 자리에 환구단을 지은 이유는 뭘까? 지금부터 선생님을 따라서 이 사연들을 하나씩 풀어 보도록 하자.

나는 조선의 국모다!

지난 시간에 동학 농민 운동을 핑계로 청나라와 일본이 조선 땅에서 전쟁을 벌였다고 이야기했지? 청일 전쟁에서 승리한 일본은 조선 정부를 친일파로 채우고 자신들의 입맛에 맞게 주무르기 시작했어. 어찌 보면 일본이 조선을 쉽게 침략하기 위해 갑오개혁을 추진했다고 할 수도 있어. 여러 제도를 일본과 비슷하게 바꾸어 놓아야 침략하기 편했거든. 물론 동학 농민군이 주장한 개혁 요구들도 일부 포함되었지만 말이야.

이제 라이벌이었던 청나라도 없고, 조선 정부도 자기 손아귀에 넣었으니 일본에게 조선 정복은 시간문제였겠지? 하지만 세상일이란 게 어디 마음먹은 대로 되나. 이번에는 청나라 대신 러시아가 나서서 일본을 견제하기 시작했어. 전에 이야기했듯이 청나라와 일본뿐 아니라 조선과 가까운 위치에 있던 러시아 또한 호시탐탐 조선을 노리고 있었거든. 조선도 일본의 간섭을 피하기 위해서 러시아에 다가갔지. 혹시 '이이제이(以夷制夷)'라는 말을 들어 봤어? '오랑캐를 이용해 오랑캐를 물리친다.'는 뜻이야. 조선이 러시아와 손을 잡은 것은 이이제이를 위한 전략이었던 거야.

특히 명성 황후가 러시아와 손을 잡는 일에 적극적이었어. 이 당시 명성 황후는 궁궐 살림을 도맡아 하는 안주인을 넘어서서 적극적으로 정치에 개입하고 있었거든. 명성 황후는 친일파를 몰아내고 조선 정부에 친러파를 채워 넣었어. 일본은 속이 부글부글 끓었지만 당장은 지켜볼 수밖에 없었지. 나라의 크기로 보나 힘으로 보나 당시 일본은 러시아를 당해 낼 수가 없었거든.

그렇다고 눈 뜨고 당하고만 있을 일본이 아니었어. 그런데 어떤 방법을 써도 명성 황후는 꿈쩍도 하지 않는 거야. 일본은 결국 최후의 방법을 쓰기로 했어. 명성 황후를 없애는 것! 이게 가능한 일일까? 아무리 힘이 없는 나라지만 한 나라의 왕비를 살해한다는 것 말이야. 하지만 이 말도 안 되는 일이 정말 벌어졌단다.

여기서 잠깐, 비극이 벌어진 역사의 현장으로 자리를 잠시 옮기도록 하자. 명성 황후가 목숨을 잃은 경복궁 제일 안쪽의 건청궁은 황궁우에서 그리 멀지 않거든.

건청궁

(말풍선) 명성 황후가 시해된 비극의 현장이야.

여기가 바로 건청궁이야. 너무 새 건물처럼 보인다고? 일제 강점기에 헐려 버린 뒤 최근에야 복원되어서 그래. 건청궁 바로 앞에는 그림 같은 연못과 예쁜 정자도 있어. 이 정자의 이름은 향원정이야. 고종과 명성 황후는 건청궁에 머물면서 가끔 향원정에 나가 주변 경치를 즐기면서 쉬었다는구나.

그러던 1895년 10월 8일 새벽, 일본 공사관을 지키던 일본 군대와 일본에서 온 폭력배들이 경복궁으로 들이닥쳤어. 당시 경복궁을 지키던 조선 관군이 저항했지만 총을 쏘며 달려드는 암살자들을 막지 못했어. 결국 그들은 건청궁까지 들어가 명성 황후를 시해하고 말았단다. 왕이나 왕비를 죽이는 걸 '시해'라고 해.

궁녀로 꾸미고 숨어 있던 명성 황후는 정체가 드러나자 "내가 바

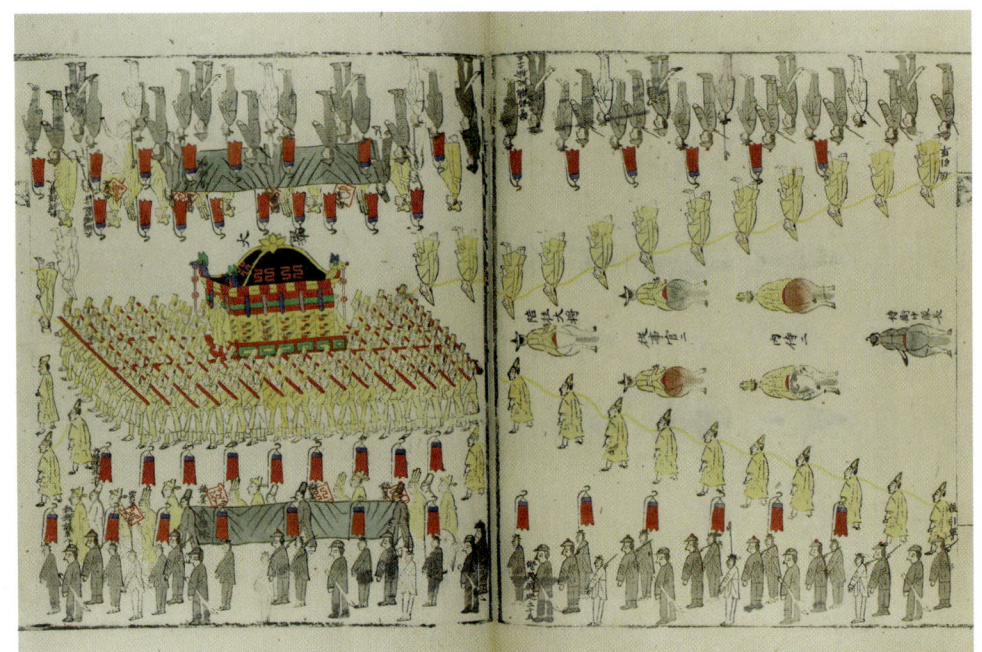
명성황후의 장례를 기록한 의궤

로 조선의 국모다."라고 당당히 외치고 최후를 맞이했다는구나. 1895년은 을미년이기 때문에 명성 황후 시해 사건을 '을미사변'이라 부르기도 해.

늑대를 피하니 호랑이가 달려드네

눈엣가시 같았던 명성 황후가 사라지자 일본은 다시 친일파 내각을 들어앉히고 자기들 멋대로 조선을 주물렀어. 고종은 자기도 언제 암살당할지 모른다는 불안에 빠져 일본의 뜻을 감히 거스르지 못했지. 거스르기는커녕 하루하루 목숨을 지켜 나가는 것도 어려웠어.

하지만 한 나라의 왕이 언제까지 이런 식으로 살 수는 없는 노릇이잖아? 고종은 드디어 중대 결심을 내렸어. 어떤 결심이었을까?

고종이 일본을 피해 1년 동안 머무른 곳이야.

구 러시아 공사관

📖 을미사변과 일본의 내정 간섭으로 반일 감정이 커지는 가운데, 전국적으로 항일 의병이 일어났다. 이때를 틈타 고종은 일본의 간섭을 피하기 위하여 거처를 러시아 공사관으로 옮겼다. 고종이 러시아 공사관에 머무는 동안 자주적으로 조선을 통치할 수 없는 상황이 되자 러시아, 미국, 일본, 프랑스, 독일, 영국 등은 이 틈을 노려 자기들의 이권을 챙겼다.

1896년 2월부터 1897년 2월까지 1년 동안 고종과 왕세자가 러시아 공사관으로 거처를 옮기고 나랏일도 그곳에서 처리한 일을 '아관 파천'이라고 해. '아관'이란 러시아 공사관을 가리키고 '파천'이란 임금이 난리를 피해 거처를 옮긴다는 뜻이야.

이때 고종이 머물렀던 러시아 공사관이 아직도 덕수궁 옆에 남아 있어. 비록 전망탑 부분만 덩그러니 있지만 말이야. 아내를 일본군에 잃고 자신 또한 생명의 위협을 느낀 고종이 러시아 공사관으로 몸을 피한 것은 어찌 보면 이해할 수 있는 행동이야. 당시 러시아는 조선에서 거의 유일하게 일본에 맞설 수 있는 세력이었으니까.

하지만 아무리 그래도 그렇지, 한 나라의 왕이 다른 나라의 공사

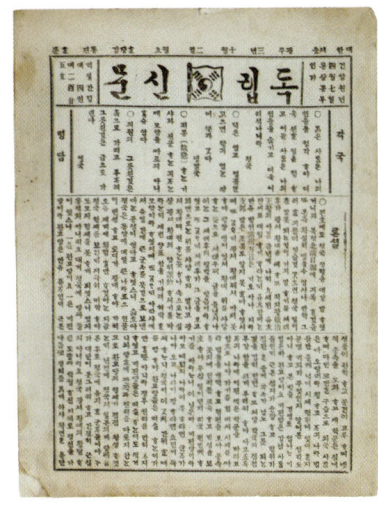

독립신문

관에 피신해 있는 게 말이 돼? 거기서 어떻게 나라를 제대로 다스릴 수 있겠어? 그러니 이 틈을 타 다른 나라들이 이권을 챙겨 갔지. 그렇다면 러시아는? 당연히 러시아도! 조선의 광산 개발권을 비롯해 각종 이권들을 한 아름 가져갔다고. 이것 참, 늑대 피하려다 호랑이 굴로 들어간 건 아닌지 몰라. 결국 보다 못한 백성들이 나섰어. '왕은 외국 세력에 기대지 말고 궁궐로 돌아와 백성을 이끌라!' '우리 힘으로 자주독립을 이룩하자!'고 외쳤지. 그래서 태어난 것이 독립 협회(1896년)였단다.

만민 공동회 기록화

그런데 독립이라니 조선이 벌써 다른 나라의 식민지가 된 것인가? 물론 아직은 아냐. 하지만 왕비가 궁궐 안에서 다른 나라 군인과 폭력배에게 살해당하고, 왕이 다른 나라 공사관에 숨어 지내는 상황이 어찌 정상적인 독립 국가에서 벌어질 수 있는 일이겠어?

그래서 백성들이 자주독립을 외치기 시작한 거야. 독립 협회는 갑신정변에 참여했다가 미국으로 망명했던 서재필이 귀국해서 만든 단체야. 독립 협회는 『독립신문』을 발간하는 데 앞장서고, 국민들의 성금을 모아 독립문을 세웠어. 서울 종로에서 '만민 공동회'라는 국민 대회도 열었지. '만민'은 모든 백성을, '공동회'는 큰 모임이나 회의를 뜻해. 그러니까 국민들이 모여서 나라가 처한 상황에 대해 의논하고 뜻을 밝히는 자리야. 제국주의 국가들의 침략에 반대하고 자주독립을 추구하는 열띤 토론을 벌였지.

 대한 제국의 아고라, 만민 공동회

혹시 '아고라'라는 말을 들어 봤니? 아고라는 고대 그리스에서 사람들이 모여 토론을 했다는 광장을 일컫는 말이야. 만민 공동회는 대한 제국의 아고라였어. 만민 공동회가 열리는 광장에는 만 명이 넘는 사람들이 모였다고 해. 광장에서는 주로 외세, 그중에서도 당시 조선에 가장 영향력이 컸던 러시아를 물리치고 자주독립을 이루자는 연설과 토론이 이루어졌지. 처음에는 지식인 중심이었으나 점차 학생과 종교인, 하층민까지도 참여했대. 가장 규모가 컸던 대회에서는 천하게 여겨졌던 신분인 백정 출신의 사람이 개막 연설을 하기도 했다는구나.

고종, 대한 제국을 선포하다

독립 협회와 백성들은 자주독립을 위해서는 고종이 하루빨리 러시아 공사관에서 나와야 한다고 주장했어. 결과는? 성공!

 독립 협회를 중심으로 백성들의 자주독립에 대한 열기가 높아지자 고종은 러시아 공사관에서 나와 경운궁(덕수궁)으로 돌아왔다. 고종은 우리나라가 자주독립국임을 널리 알리기 위하여 나라 이름을 대한 제국으로 바꾸고, 스스로 황제의 자리에 올랐다.

독립문

자, 이제 수업 시작 때 품었던 의문들이 풀렸니? 왜 고종이 대한 제국을 선포하고 황제의 자리에 올랐는지 말이야. 아, 그런데 왜 하필 환구단을 그 자리에 세웠는지에 대한 답이 빠졌구나. 환구단을 세웠던 자리에는 원래 중국 사신들을 맞이하는 남별궁이 있었거든. 우리도 중국처럼 당당히 황제의 나라가 되었다는 것을 보여 주기 위해 이곳에 환구단을 세웠던 거야. 마찬가지 이유로 독립문은 중국의 사신을 맞이하던 영은문이 있던 자리에 세운 거란다.

이제 장소를 덕수궁으로 옮겨 볼까? 러시아 공사관을 나온 고종은 경복궁이 아닌 덕수궁에 둥지를 틀었으니 말이야. 덕수궁의 원래 이름은 경운궁이었어. 경운궁은 원래 성종 때 월산 대군의 집이었는데 임진왜란으로 경복궁과 창덕궁이 불타자 선조가 이곳에 머물면서 궁궐이 되었지. 이때만 해도 이름만 궁궐이지 규모는 크지 않았어. 고종이 이곳에 자리를 잡으면서 비로소 궁궐다운 궁궐이 되었고, 순종이 즉위한 뒤에 덕수궁으로 이름이 바뀌었단다.

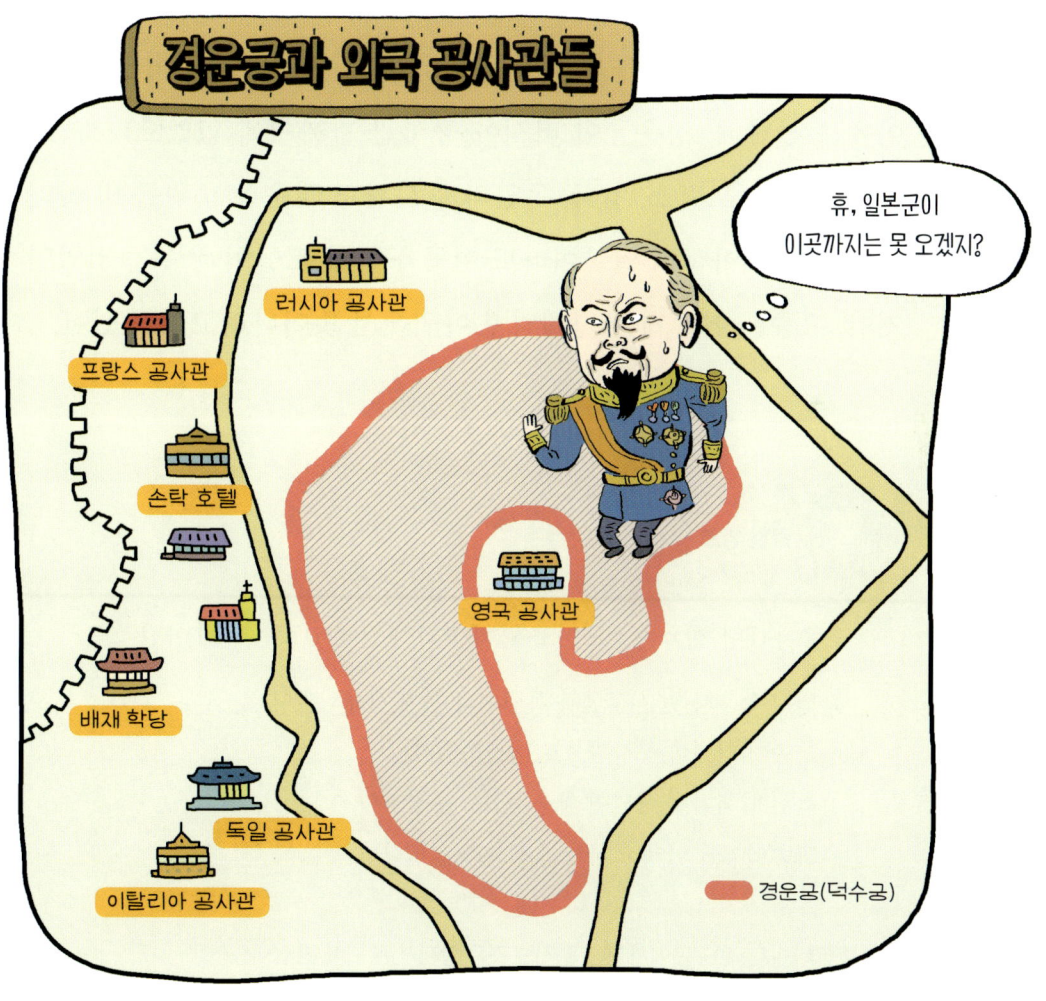

경운궁의 정문인 대안문 앞으로 고종이 행차하는 모습

그렇다면 고종은 왜 경복궁이 아니라 경운궁으로 들어간 걸까? 이유는 간단해. 경운궁이 러시아 공사관 가까이에 있었으니까. 그뿐만 아니라 프랑스, 영국, 독일의 공사관도 경운궁 주위를 빙 둘러 있었으니, 제아무리 일본이라도 이곳을 함부로 들어올 수는 없었던 거야. 고종은 어떻게든 일제의 손아귀에서 벗어나려고 노력했어.

고종이 대한 제국을 선포하고 황제가 되기 전에 있었던 일이 아닌 것은?

① 명성 황후가 일본 군인과 폭력배의 손에 시해되었다.
② 고종이 러시아 공사관으로 피신하였다.
③ 독립 협회가 결성되어 자주독립을 주장했다.
④ 고종이 환구단에서 하늘에 제사를 지냈다.

정답 | ④번. 환구단에서 제사를 지낸 것은 황제가 된 뒤에 한 일이었어.

자주독립은 자주적인 근대화부터

자, 그럼 지금부터 덕수궁을 한번 둘러볼까? 대한문 안으로 조금만 걸어 들어가면 덕수궁의 중심 건물인 중화전이 나와. 이런, 담장 하나도 제대로 남아 있지 않네. 물론 대한 제국 시절에는 이렇지 않았어. 그 시절의 덕수궁은 지금보다 훨씬 더 넓은 땅에 수십 채의 건물이 빼곡히 들어서 있었단다.

1년 만에 러시아 공사관을 나와 대한 제국을 선포하고 황제에 오른 고종의 각오도 남달랐어. 어떻게 해서든 나라 힘을 키우겠다는 의지를 불태웠지. '광무'라는 연호만 봐도 이런 의지를 알 수 있어. 연호란 해의 차례를 나타내기 위해 붙이는 이름이야. 요즘이야 전 세계가 예수가 태어난 해를 기준으로 삼는 서기를 쓰지만, 옛날 동양에서는 중국의 황제가 즉위하면 연호를 정해서 사용했어. 조선은 중국 황제가 정한 연호를 썼지. 그러다 고종이 황제가 되면서 처음으로 우리만의 연호를 정해서 쓰게 된 거야. 광무는 옛날 쓰러져 가던 중국의 한나라를 부활시킨 광무제의 이름에서 따온 것이었어. 고종도 광무제처럼 기울어 가는 나라를 다시 일으켜 세우겠다는 뜻을 담았지.

자, 이렇게 자주독립의 의지가 충만했던 고종이 가장 먼저 한 일은 무엇이었을까?

고종

6교시 우리 근대화는 우리 힘으로! 고종과 대한 제국

1907년에 설립된 국립 병원이야.

대한의원

📖 대한 제국 시기에는 교육의 중요성이 더욱 커지면서 소학교와 중학교, 기술 학교, 외국어 학교 등 다양한 학교가 만들어졌다. 서양식 학교 이외에도 신문사, 서양식 무기를 생산하는 공장이 생겨났고, 서양식 병원이 만들어져 백성들은 더 나은 의료 혜택을 받을 수 있게 되었다.

이걸 한마디로 정리하면 '우리 손으로 근대화 이루기 프로젝트'라고 부를 수 있을 거야. 중요한 것은 이 모든 근대화 작업을 우리 스스로 이룩해야 한다는 점이야.

그런데 영국, 프랑스, 미국, 러시아뿐 아니라 일본까지도 우리의 근대화를 자신들이 이루어 주겠다고 나섰어. 이렇게 많은 강대국들이 돕겠다고 나선 이유는 뭘까? 이 나라들이 착해서? 당연히 아니야. 우리한테서 더 많은 것을 빼앗아 가기 위해서였어. 그러니 우리나라 근대화의 주인은 우리가 되어야 했지. 우리가 추진한 근대화에 대해서는 다음 시간에 자세히 알아보도록 하자.

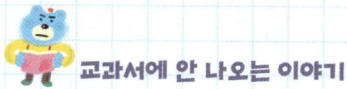
교과서에 안 나오는 이야기

궁금하다, 경인선을 둘러싼 의문들!

1899년 9월 18일, 우리나라 최초의 철도인 경인선이 개통되었어. 서울의 노량진과 인천 제물포를 잇는 33.2킬로미터 구간이었지. 1825년 영국에서 세계 최초의 철도가 기적을 울린 지 74년 만의 일이었어. 과연 한반도 최초의 철도는 어떤 모습이었을까? 지금부터 경인선을 둘러싼 궁금증을 샅샅이 파헤쳐 보도록 하자.

의문 1 당시 기차의 평균 속도가 지금 마라톤 세계 신기록이랑 비슷했다고?

처음 기차가 개통했을 때 33.2킬로미터 구간을 가는 데 1시간 40분이 걸렸어. 그러니까 평균 시속 19.9킬로미터로 달린 셈이야. 지금 마라톤 세계 신기록이 2시간 2분 57초니까 시속으로 따지면 20.6킬로미터, 당시 기차 속도보다 오히려 빠르네. 그런데도 기차를 처음 탄 『독립신문』 기자는 '하늘을 나는 새도 미처 따라오지 못할 지경'이라고 적었어. 거대한 기차가 우렁찬 기적 소리를 내며 달리니까 무척 빠르게 느껴졌나 봐.

의문 2 경인선 개통식에 일장기와 성조기가 나란히 걸렸다는데?

처음 대한 제국으로부터 경인선을 건설할 권리를 따낸 사람은 미국인 모스였어. 그는 1897년에 공사를 시작했지만 자금이 부족하자 철도 건설 권리를 일본에게 팔아 버렸단다. 그런 사정으로 경인선 개통식에 일본 국기인 일장기와 함께 미국의 국기인 성조기도 나란히 걸리게 된 거야.

의문 3 경인선이 당시 세계에서 가장 싼값에 지어졌다고?

사실이야. 그만큼 일본이 조선 땅을 헐값에 사고, 조선인 노동자들에게 임금을 덜 주고, 목재나 광물 등 조선의 자원을 마음대로 쓸 수 있었기 때문이지. 그래서 철도 공사에 대한 조선인들의 불만이 커졌고, 서울에서 원산을 잇는 경원선을 지을 때는 조선인들이 공사를 방해하기도 했다는구나.

 역사 현장 답사

대한 제국의 중심, 근대화의 중심! 덕수궁

덕수궁 석조전

　수업 시간에 러시아 공사관에서 돌아온 고종이 덕수궁에 자리를 잡고 대한 제국을 선포했다고 이야기했지? 그런 다음에는 학교를 세우고 철도를 놓는 등 우리 손으로 근대화하기 위해 애썼다는 것도 말이야. 덕수궁에는 근대화를 향한 노력의 흔적이 남아 있단다. 지금부터 차근히 둘러보자.

　덕수궁에 가면 정문인 대한문을 가장 먼저 만나게 돼. 이곳은 늘 사람들로 붐비지. 이곳에서 열리는 조선 시대 수문장 교대식은 외국인 관광의 필수 코스가 되었거든. 대한문을 지나 덕수궁 안쪽으로 들어가면 서양식 대리석 건물인 석조전이 보여. 마치 어느 서양 국가의 궁전같이 생긴 데다 앞에는 물개 모양의 분수대도 있어. 겉모양만 봐서는 도저히 우리나라 궁궐의 일부라고는 생각할 수 없지. 석조전을 서양식으로 지은 것은 서양식 근대화를 이루겠다는 고종의 의지 때문이었어. 역시 서양식 건물인 정관헌에서는 고종이 아침마다 '모닝커피'를 드셨대. 어때? 우리 손으로 근대화를 이루겠다는 고종의 의지가 느껴지지 않아? 아쉽게도 석조전이 완성된 1910년에 대한 제국이 멸망해 버리지만 말이야.

우리 손으로 추진했던 근대화는 결국 실패하고 말았어. 지금의 덕수궁에서는 그 실패의 흔적도 엿볼 수 있단다. 덕수궁을 대표하는 중심 건물인 중화전은 담장 하나 없이 휑한 공간에 달랑 문 하나와 함께 자리 잡고 있어. 수업 시간에 이야기했듯 처음부터 이런 모습은 아니었어. 일제 강점기를 거치면서 망가진 거야.

중화전에서는 고종이 순종에게 황제의 자리를 물려주는 양위식이 치러졌단다. 하지만 이 '양위'는 고종의 뜻에 의한 것도, 그렇다고 순종이 원한 것도 아니었어. 고종이 1907년 네덜란드 헤이그에서 열린 만국 평화 회의에 이준 등을 특사로 파견해 일본의 조선 침략을 세계에 고발하려 하자, 일제가 고종을 폐위한 것이었지. 여기에 대해서는 다음 시간에 자세히 설명해 줄게. 고종의 뒤를 이은 순종이 창덕궁에 머물자, 이곳에는 퇴위한 고종이 머물면서 이름도 경운궁에서 덕수궁으로 바뀌게 되었어.

덕수궁을 다 둘러보았다면 덕수궁 담장을 끼고 이어진 '덕수궁 돌담 길'을 걸어 볼까? 이 길은 옛날부터 유명한 데이트 코스였단다. 여러분의 엄마 아빠 중에도 손을 잡고 이 길을 걸었던 분들이 있을지도 몰라. 복잡한 서울 한가운데에서 느긋하게 여유를 즐기며 걸을 수 있는 길이란다. 근대화를 향한 고종의 노력과 좌절을 떠올리며 걸어 보렴.

석조전 내부(위)와 중화전(아래)

:: 알아 두기 ::
가는 길 지하철 1, 2호선 시청역 2번 출구로 나오면 바로 앞에 있어.
관람 소요 시간 여러 건물을 구석구석 돌아보려면 1시간쯤 걸려.
휴관일 매주 월요일.
추천 코스 덕수궁을 둘러본 뒤 돌담 길을 따라 정동까지 걸으면 산책 코스로 딱 좋아.

7교시
전깃불에 놀라고 양탕국에 빠지다

건청궁

여기가 바로 우리나라 최초로 전깃불을 밝힌 곳.

> 우리 손으로 근대화를 추진하는 과정에서 서양 문물 또한 물밀듯이 들어왔어. 근대화란 결국 서양화의 다른 이름이었으니까. 이렇게 들어온 서양의 문물들은 사람들의 생활을 바꾸어 놓았단다. 이때부터 우리나라 사람들이 먹는 음식, 입는 옷, 사는 집 등이 점차 서양식으로 바뀌기 시작한 거야.

오늘은 지난 시간에 이어 이곳에 다시 왔어. 경복궁 제일 안쪽에 있는 건청궁. 이곳에서 비극적인 최후를 맞은 명성 황후를 생각하니 또 한 번 마음이 아프다고? 하지만 오늘은 좀 가벼운 마음으로 둘러봐도 돼. 건청궁은 우리나라 최초로 전깃불이 밝혀진 곳이기도 하거든.

건청궁 앞 연못인 향원지에서 '한국의 전기 발상지' 기념비를 찾아보렴. 이 기념비에는 '이곳에 고종 황제의 어명으로 우리나라에서 처음으로 발전소를 설립했다.'라는 내용이 쓰여 있어. 이때는 을미사변이 아직 일어나기 전인 1887년이었어. 그런데 여기에 발전기와 전기 시설을 설치한 업체가 바로 미국의 토머스 에디슨이 설립한 전기 회사였단다. 에디슨이 전구로 특허를 받은 것이 1880년

조선에 전구를 수출해서 번 돈이 얼마더라?

에디슨

이었고, 조선이 전깃불을 밝힌 것은 동아시아에서 최초였대. 당시 에디슨은 조선에 전기 시설을 수출하게 된 사실을 일기에 적어 놓았다는구나. "내가 발명한 전구가 동양의 신비로운 나라를 밝힌다니 꿈만 같다."라고 말이야.

전깃불을 처음 본 조선 사람들의 반응은 어땠을까? 처음에는 너무 놀라워 입이 딱 벌어질 지경이었지. 750개의 전구가 경복궁을 마치 대낮처럼 환하게 비추었으니까. 하지만 놀라움도 잠깐, 사람들은 불편을 호소하기 시작했어. 밤이 되어도 세상이 밝으니 잠을 잘 수가 없었던 거야. 게다가 발전기가 요란한 소음을 내니 잠들기가 더욱 어려웠지.

또한 발전기를 식힌 물이 향원지에 흘러들면서 물고기들이 떼죽음을 당하자 귀신이 노한 것이라는 흉흉한 소문까지 돌았단다. 발명 특허를 받은 지 몇 년 안 되는 전기 시설은 불안정해서 툭 하면 불이 나가기 일쑤였어. 오죽했으면 전깃불에 '건달불'이라는 별명이 붙었을까? 제멋대로 들어왔다 나갔다 하면서 엄청난 돈을 먹어 치우는 전깃불이 꼭 건달이 노는 모양이랑 똑같아서 붙은 별명이래. 결국 이렇게 궁궐 사람들의 원성을 사던 경복궁의 전깃불은 얼마 못 가서 철거되고 말았어.

전화 한 통에 큰절 네 번

경복궁에 설치한 전깃불을 거두어들이긴 했지만 근대화는 계속 추진되었어. 근대화를 하려는 고종의 의지가 대단했거든.

> 경복궁에 처음으로 전등불을 밝힌 이후 도성에는 가로등이 만들어졌다. 전등과 가로등으로 밤 시간을 이용하는 사람들이 늘어났다. 전등이 들어온 지 10여 년 만에 서울에는 밤에만 영업하는 야간 시장도 생겨났다. 또한 전신과 전화가 만들어져 소식을 빠르게 주고받을 수 있게 되었다.

전기를 처음 도입했던 고종은 전화도 들여왔어. 물론 이것도 먼저 궁중에 설치했지. 여기에는 재미난 이야기가 있단다. 고종이 신

밤인데도 대낮같이 밝구나!

경복궁에 최초로 전깃불이 밝혀진 모습을 상상해서 그린 그림

전화 교환원

하에게 전화를 걸면 전화를 받은 신하는 감히 바로 수화기를 들지 못하고 우선 큰절을 네 번이나 했다는구나. 따르릉 울리고 있는 수화기에 대고 말이지.

지금은 전화를 상대방에게 직접 걸지만, 당시에는 중간에서 전화를 연결해 주는 교환원이 있었어. 처음에는 남자가 전화 교환원 일을 했지만, 나중에는 여자가 그 역할을 맡았어. 사회 진출이 쉽지 않았던 여성들에게 새로운 직업이 생긴 셈이지. 1920년에는 서울과 인천 사이에 전화가 개통되었어.

고종이 전기와 전화 다음으로 들여온 것은 전차야. 전차란 이름 그대로 전기로 달리는 자동차를 말해. 전철처럼 머리 위를 지나는 전선을 통해 전기를 공급받지만, 철로가 아니라 도로 위를 달리지. 우리나라에서 전차가 처음으로 운행된 것은 1899년, 아시아에서는 일본에 이어 두 번째였단다.

서울역사박물관에 전시된 전차

만득아, 도시락 가져가라!

그런데 지금도 그 옛날 전차를 볼 수 있는 곳이 있어. 서울역사박물관 앞마당에 옛날 서울을 달리던 전차가 전시되어 있거든. 경복궁에서 걸어서 10분이면 가니까 잠시 수업 장소를 옮겨 볼까? 날씨도 이렇게 좋으니까 소풍 가는 기분으로 다 같이 걸어가 보자고.

양과자 먹고, 양탕국 마시고

자, 모두 왔니? 이 전차는 1930년 무렵 일본에서 수입되어 40년 가까이 실제로 서울 시내를 누비던 진짜 전차란다. 어때? 요즘의 전철과는 비교할 수 없을 정도로 작지? 처음 수입된 전차는 이것보다 더 작았다고 해.

대한 제국 시기에 전차가 처음으로 서울 시내에 등장하자 사람들은 놀라서 눈을 휘둥그레 떴어. 마치 경복궁에 처음 전깃불이 들어왔을 때처럼 말이야. 하지만 곧 전깃불처럼 전차에 대해서도 불만이 생겨났지. 운행을 시작하고 얼마 지나지 않아 어린아이가 전차에 치여 죽는 사고가 생겼거든. 그러자 아이의 아버지가 도끼를 들고 전차로 달려들었고, 주변에 있던 사람들까지 합세해서 전차에 불을 질러 버렸단다. 전깃불과 마찬가지로 전차 또한 흉흉한 소문을 몰고 다녔지만, 시간이 지남에 따라 결국 사람들이 익숙하게 이용하는 교통수단이 되었지.

전기와 전화, 전차 등은 근대화를 이루기 위해 정부가 적극적으로 들여왔던 것들이야. 이것들과 함께 들어온 서양 문물은 사람들의 생활을 바꾸기 시작했단다.

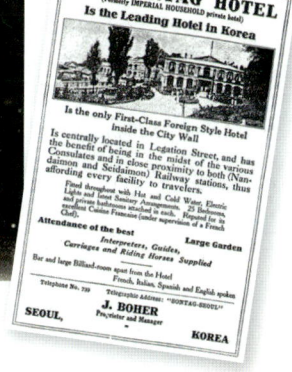

우리나라 최초의 서양식 호텔인 손탁 호텔(왼쪽)과 광고 전단지(오른쪽)

 거리에는 양복을 입고 시계를 찬 남자들이나 다양한 색깔과 모양의 서양 옷을 입은 여인들이 나타났다. 다양한 외국 음식도 들어왔다. 궁중에서 커피와 홍차를 마셨으며 양식과 과자도 전래되었다. 도시에는 서양식 건축물과 일본식 주택이 세워지기 시작하였다.

서울 최고의 호텔, 손탁 호텔로 오세요~

정말 머리끝에서 발끝까지, 먹는 것에서 입는 것, 자는 곳까지 안 바뀐 것이 없구나. 양복, 양식, 양과자 등 이때 들어온 서양의 물건들에는 보통 '양(洋)' 자가 붙었어. 서양에서 들어왔다는 뜻이지.

그러면 여기서 퀴즈 하나. '양탕국'이란 무엇을 가리키는 것일까? 힌트를 줄 테니 잘 들어 봐. 이건 요즘도 우리나라 사람들이 즐겨 마시는 음료야. 하지만 여기에 들어 있는 카페인 성분 때문에 어린아이들은 잘 마시지 않지. 이제 뭔지 알겠니? 맞아, 커피. 서양에서 들어온 탕국이라 해서 양탕국이라는 이름이 붙었단다. 검고 쓴

조선으로 들어온 서양의 근대 문물

벽걸이 전화기 전화기 옆의 손잡이를 돌려 교환원을 부르면, 교환원이 원하는 사람에게 연결해 주었다.

라디오 방송국에서 보내는 전파를 소리로 바꿔 들려주는 장치. 라디오 방송이 보급되면서 대중가요가 유행했다.

서양식 식기 미쓰코시 백화점, 화신 백화점 등에 들어선 레스토랑에서는 포크와 나이프를 사용한 서양 요리를 먹을 수 있었다.

서양식 안경 개화기 멋쟁이들에게 서양식 뿔테 안경은 필수품이었다.

서양식 화장품 얼굴을 하얗고 뽀얗게 만드는 '박가분'이라는 제품이 큰 인기를 끌었다.

전차 승차권과 지갑 1904년 서울에 설립된 한미전기회사의 전차 승차권과 승차권을 넣어 보관하던 가죽 지갑이다. 요란한 소리를 내며 달리는 전차의 모습은 당시 사람들에게 큰 구경거리였다.

축음기 음악을 들려주던 기계. 처음 축음기를 접한 우리나라 사람들은 기계 안에 사람이나 귀신이 있는 것으로 생각하여 가까이 하지 않았다고 한다.

맛 나는 커피가 마치 한약 탕국 같다고 생각한 거지. 커피의 원래 발음을 흉내 내어 '가배' '가비'라고도 불렀대.

이어지는 퀴즈 하나 더! 우리나라 최초의 커피 마니아는 누구였을까? 커피는 궁중에서 먼저 마시기 시작했어. 궁궐에서 무엇인가 새로운 음식이 생겼다면 제일 처음 누구한테 바쳤겠어? 맞아, 고종 황제. 특히 고종은 러시아 공사관에 머무는 동안 커피의 매력에 흠뻑 빠졌다고 전해져.

그런데 한 가지 잊지 말아야 할 사실이 있어. 고종이 앞장서서 상투를 자르고, 양복을 입고, 커피를 마신 것은 적극적으로 근대화를 이루기 위해서였다는 사실. 대한 제국이 전기와 전화, 전차를 도입한 것처럼 말이야.

 **내 머리는 잘라도 머리카락은 못 자른다!**

서양 문물이 모두 쉽게 받아들여진 것은 아니야. 어떤 것들은 아주 힘들게 자리를 잡았단다. 그중에서도 상투를 자르는 것은 전 국민의 저항을 불러왔어. 유교의 가장 중요한 덕목은 효도인데, '부모에게서 물려받은 몸을 소중히 여기는 것이 효도의 시작이다.'라고 유교 경전에 쓰여 있거든. 머리카락도 몸의 일부이니 상투를 자르는 것은 불효인 셈이지. 고종이 먼저 상투를 자르고 백성들에게도 상투를 자를 것을 명령했지만 사람들은 쉽게 따르지 않았어. 위정척사파 최익현은 "내 머리는 자를 수 있어도 머리카락은 못 자른다."라고 말하기도 했단다.

학교를 세우는 데는 남녀노소가 따로 없다

근대화를 이루기 위해 가장 중요한 것은 무엇일까? 일상생활을 바꾸는 서양 문물들? 전기나 전화, 전차 같은 시설들? 아니면 실제로 나라를 지키는 데 필요한 무기와 군대? 이것들 모두 근대화의 필수 요소지만 더욱 중요한 것이 하나 있어. 바로 근대 학교와 교육이야. 학교를 통해 근대의 학문과 기술을 제대로 배우지 않는다면 아무리 근대화를 열심히 한다 해도 남의 것을 흉내 내는 데 그칠 수밖에 없으니까. 당시 사람들은 이러한 점을 잘 알고 있었고, 학교를 세우는 데는 정부와 민간이 따로 없었어.

 신학문과 신기술을 가르치기 위한 신식 학교는 대한 제국 이전부터 있었다. 대한 제국 시기에는 교육의 중요성이 더욱 커지면서 소학교와 중학교, 기술 학교, 외국어 학교 등 다양한 학교가 만들어졌고, 전국 각지에서 애국지사와 단체들 그리고 선교사들이 사립 학교를 세워 서양식 교육을 하였다.

우리나라 최초의 근대 학교인 원산 학사는 보통 사람들이 힘을 모아 세운 학교야. 원산은 강화도 조약을 통해 문을 연 항구 가운데 하나였어. 그래서 일찍부터 새로운 문물이 들어왔고, 사람들은 근대화를 이루기 위해서는 교육이 중요하다는 것을 깨닫게 되었지.

원산의 관리들과 평범한 사람들이 조금씩 돈을 모아 1883년 원산 학사를 세웠어. 대한 제국 정부가 지은 최초의 공립 학교인 육영 공원은 그보다 3년 뒤인 1886년에 문을 열었단다. 개신교 선교사들이 최초로 세운 학교인 배재 학당은 1885년에 문을 열었어. 그러고 보니 우리나라 근대 학교는 국민들이 가장 먼저, 다음은 선교사, 정부 순으로 세운 셈이구나.

  원산은 지금 북한 땅이어서 갈 수 없지만, 배재 학당은 아직도 옛날 건물이 그대로 남아 있어. 1916년에 지은 동관 건물뿐이지만 말이야. 덕수궁에서 도보로 딱 10분 거리에 있지. 더구나 그곳에는 '배재학당역사박물관'이 들어서 있어서 초창기 근대 학교에 대한 다양한 자료들을 볼 수도 있단다. 자, 그럼 오늘의 마지막 현장 수업 장소를 향해 다시 한 번 출발!

배재학당역사박물관

학교 종이 땡땡땡

배재 학당에서 가장 먼저 눈에 띄는 것은 입구에 있는 오래된 종이야. 모두들 "학교 종이 땡땡땡" 하고 시작하는 노래를 알고 있지? 하지만 학교 종을 직접 본 친구는 드물 거야. 지금은 스피커에서 벨 소리가 흘러나오니까. 배재 학당 입구에는 아직도 그 옛날 학교 종이 걸려 있단다. 그럼 박물관 안으로 들어가기 전에 학교 종을 한번 울려 볼까? 100여 년 전 학생들의 모습을 상상하면서 말이야.

학교 종을 지나 정문을 열고 들어가니 교실이 보이네. 1930년대 배재 학당의 교실을 그대로 복원해 놓은 거래. 칠판 앞에 선생님의 교단이 있고, 나무 책상과 의자가 있구나. 선생님이 여러분만 할 때 다니던 초등학교 교실이랑 비슷하네.

땡땡땡~
쉬는 시간 끝났어.
어서 들어와!

교실을 나서면 당시 학생들이 공부하던 교과서들이 보여. 어이쿠, 전부 다 한문으로 쓰여 있군. 그래도 각종 실험 도구를 표현한 그림뿐 아니라 해와 달의 사진 등이 컬러로 들어가 있어. 100여 년 전 학교에서는 무엇을 배웠을까? 지금의 초등학교인 소학교의 교과목에는 수신·독서·작문·습자·산술·본국 역사·도화·외국어 등이 있었어. 이게 다 무슨 과목이냐고? 수신은 지금으로 치면 바른 생활, 습자는 받아쓰기, 산술은 수학, 본국 역사는 국사,

배재 학당에서 쓰던 교과서

배재 학당 현판

헉, 한자로 된 교과서라니….

도화는 미술, 외국어는 영어야. 이 밖에 체육도 매우 중요한 과목이었어. 근대 학교에서 이러한 과목을 가르친 이유는 학생들의 애국심을 일깨우고 새로운 학문과 기술을 알게 하기 위해서였지.

교과서 옆에는 '배재 학당(培材學堂)'이라고 쓴 학교 간판이 전시되어 있는데 고종이 직접 이름과 간판을 내려 준 거래. 배재 학당이란 '유용한 인재를 기르고 배우는 집'이라는 뜻이야. 이어지는 전시실에는 초창기 배재 학당 졸업생들의 사진이 보이는구나. 낯익은 얼굴들도 있네. 지난 시간에 배웠던 독립 협회를 이끈 서재필도, 대한민국 초대 대통령 이승만도 모두 배재 학당 출신이었단다.

나라가 적극적으로 나서서 서양 문물도 받아들이고 근대 학교까지 세웠으니, 대한 제국은 근대화에 성공했을까? 여러분도 아는 것처럼, 불행히도 역사는 그렇게 흘러가지 않았단다. 근대화를 위한 여러 노력에도 불구하고 외세의 침략을 막아 낼 수는 없었어. 다음

운동장을 행진하는 배재 학당 학생들

시간에는 우리나라가 일제의 식민지가 되는 과정에 대해 배울 거야. 이런 우울한 역사는 대충 넘어가면 안 되느냐고? 이런 역사일수록 똑바로 알아 두어야 두 번 다시 그런 일을 겪지 않을 수 있어. 그래서 다음 시간은 특히 더 중요하니까 지각은 절대 금물, 알겠지?

조선 말에 세워진 근대 학교에 대한 다음 설명 중 잘못된 것은?

① 최초의 근대 학교는 서울에 세워진 배재 학당이다.
② 개신교 선교사들이 배재 학당을 세웠다.
③ 소학교의 교과목에는 수신, 독서, 외국어 등이 있었다.
④ 체육은 근대 학교에서 특히 중요시하던 과목이었다.

정답 | ①번. 최초의 근대 학교는 원산 학사였어.

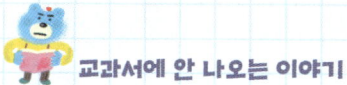 교과서에 안 나오는 이야기

서양식 옷차림이 유행하다

개항 뒤 조선 사람들의 옷차림도 조금씩 달라지기 시작했어. 한복 대신 양복을 입는 사람들이 조금씩 생겨났고, 옷차림과 함께 머리 모양, 구두, 가방 등도 서양의 유행을 따르기 시작했지. 1930년대에 이르면 서양식 옷차림을 한 젊은 남녀를 서울에서 흔히 볼 수 있게 된단다. 이런 차림의 젊은이를 '모던 보이' '모던 걸'로 부르기도 했는데, 생각 없이 유행만 좇는다고 곱지 않은 시선을 받기도 했어. 당시 신문에 나타난 모던 보이와 모던 걸의 모습을 살펴보자.

양복을 입은 모던 보이 맥고모자(밀짚으로 만든 모자)에 뿔테 안경을 쓴 젊은 남자. 양복바지가 없어 양복바지를 그려서 들고 다니는 모습으로 표현해 서양식 옷차림을 좇는 세태를 풍자했다.

서양식 옷차림의 남녀 양산을 들고 굽이 높은 구두를 신은 여자와 지팡이를 들고 맥고모자를 쓴 남자. 머리부터 발끝까지 서양식 옷차림으로 차려 입었다.

화려한 장신구의 모던 걸 단발머리, 무릎까지 오는 치마 등 달라진 차림새가 엿보인다. 작은 양산, 커다란 손가방, 손거울과 분첩 등은 모던 걸들의 유행 아이템이었다.

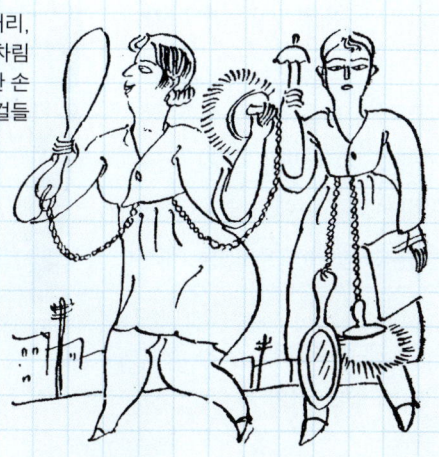

조선인인지 서양인인지 분간이 안 가는구나~

 역사 현장 답사

100년 전 학생들의 배움터, 배재학당역사박물관

배재 학당 교실 모습

배재학당역사박물관은 배재 학당의 교실로 쓰인 곳이야. 이 곳에는 원래 배재 고등학교가 있었어. 1984년 배재 고등학교가 강동구 고덕동으로 이사 가자, 서울시 기념물로 지정되었다가 2008년 '배재학당역사박물관'으로 다시 태어나게 되었지. 이 박물관에는 외국인 선교사가 세운 우리나라 최초의 서양식 근대 교육 기관인 배재 학당의 역사가 고스란히 담겨 있어. 배재 학당은 1885년 처음 문을 열었어. 미국인 선교사 아펜젤러가 집 한 채를 빌려 방 두 개를 터서 교실을 만든 다음 학생 두 명을 데리고 첫 수업을 시작했다고 해.

1층에는 옛날 교실을 그대로 재현한 공간이 있어. 당시 학생들이 보던 교과서와 고종이 하사한 배재 학당 현판 등도 있고.

아펜젤러의 친필 일기

그 옆에는 이승만과 서재필, 주시경, 김소월 등 배재 학당 졸업생들의 사진이 보이네. 이 중 이승만은 2년 만에 배재 학당을 졸업하면서 졸업생 대표로 영어 연설을 하기도 했대. 한글학자 주시경은 이곳에서 배운 영어 문법을 바탕으로 평생 동안 한글을 연구했어. '한글'이라는 이름도 주시경이 처음으로 붙인 거야. 김소월은 「진달래꽃」으로 유명한 시인이지. 그러고 보니 배재 학당이라는 이름에 걸맞게 많은 인재들을 키워 냈구나.

2층으로 올라가면 배재 학당을 세운 선교사 아펜젤러에 대한 자료들이 전시되어 있어. 그가 한국 생활을 하면서 썼던 일기장이나 가방, 피아노뿐 아니라 당시 귀했던 사진기로 찍은 그 시절 모습들이 눈길을 끄는군.

여기서 질문 하나. 조선 말기 서양에서 온 선교사들이 학교를 세운 까닭은 뭘까? 가장 큰 이유는 기독교 선교를 위해서야. 학생들을 가르치면서 자연스럽게 기독교 신자를 만들려는 거였지. 원래의 목적은 선교였지만 결과적으로 이들이 세운 학교는 조선의 근대화에 큰 영향을 줬어. 이전에는 교육을 받지 못했던 평민이나 여성을 교육한 것도 큰 특징이야.

박물관 구경을 마치고 나오면 건물 뒤쪽의 향나무도 빠뜨리지 말고 보는 것이 좋아. 수백 년이 넘도록 이 자리를 지켜 온 향나무야말로 배재 학당의 100여 년 역사를 고스란히 지켜보았을 테니 말이야.

배재 학당의 수업을 재현한 모형(위)과 졸업생 사진(아래)

:: 알아 두기 ::
가는 길 지하철 1, 2호선 시청역 10번 출구에서 걸어서 5분.
관람 소요 시간 30분이면 충분해.
휴관일 매주 일요일, 월요일, 공휴일, 6월 8일(개교기념일).
추천 코스 박물관 1, 2층을 순서대로 둘러본 뒤 건물 뒤쪽의 향나무도 찾아볼 것.

1905년	을사조약이 체결되다
1907년	고종이 헤이그에 특사를 파견하다 고종이 퇴위당하고 순종이 즉위하다
1909년	안중근이 이토 히로부미를 저격하다
1910년	일제가 대한 제국의 통치권을 빼앗고 식민지로 삼다(국권 피탈) 일제가 토지 조사 사업을 시작하다
1919년	3·1 운동이 일어나다 중국 상하이에 대한민국 임시 정부가 세워지다
1920년	홍범도와 김좌진이 각각 봉오동 전투와 청산리 전투에서 일본군을 물리치다
1929년	광주 학생 항일 운동이 일어나다 원산에서 노동자들이 총파업을 하다
1932년	이봉창이 일본 국왕을 향해 폭탄을 던지다 윤봉길이 일본 고위 군인들에게 폭탄을 던지다
1940년	한국광복군이 창설되다
1941년	태평양 전쟁이 일어나다
1945년	광복을 맞이하다

3부

일제 강점기의 시련 속에서

8교시 | **하늘도 땅도 사람도 울던 날**_ 중명전

9교시 | **조선의 땅도 쌀도 회사도 일본의 것!**_ 부산근대역사관

10교시 | **3월 하늘에 울려 퍼진 대한 독립 만세!**_ 서대문형무소역사관

11교시 | **3·1 운동 이후의 독립운동**_ 독립기념관

12교시 | **전쟁은 일본이, 고통은 우리가**_ 수요 집회

8교시
하늘도 땅도 사람도 울던 날

▌1910년 8월 29일, 우리는 결국 일본에 나라를 빼앗기고 말았어. 그 옛날 병자호란 때 인조가 삼전도에서 청나라 태종에게 머리를 조아리고 항복한 것보다도 더 치욕스러운 날이지. 왜 이런 일이 벌어지게 된 것일까? 나라를 지킬 수 있는 방법은 없었던 걸까? 이번 시간에는 아픈 역사를 차근차근 살펴보기로 하자.

 덕수궁 돌담 길을 따라서 쭉 걷다 보면, '중명전'이라고 쓴 작은 이정표를 만날 수 있어. 너무 작아서 조금만 한눈을 팔면 그냥 지나쳐 버릴지도 몰라. 그 이정표를 따라 골목 안으로 걸어 들어가면, 붉은 벽돌 건물이 나와. 오호, 이렇게 멋진 건물이 이런 곳에 숨어 있었다니.

 하지만 이 건물이 마냥 반가울 수만은 없어. 이곳은 우리나라가 일본에 외교권을 빼앗긴 '을사조약'이 맺어진 장소거든. 외교권을 빼앗긴다는 것은 다른 나라의 보호국이 된다는 뜻이야. 이것은 또한 식민지가 되는 과정을 의미하기도 해. 지난 시간에 봤듯이, 우리 나름대로 근대화도 추진하고 자주독립을 위해 여러 가지 노력을 했는데, 왜 결국 이런 일이 벌어지게 되었을까?

중명전은 원래 대한 제국의 황실 도서관이었어. 어째서 황실 도서관이 덕수궁 바깥에 있느냐고? 이유는 간단해. 중명전이 처음 이곳에 지어졌을 때는 여기도 덕수궁 안이었거든. 나중에 일제 강점기를 거치면서 덕수궁이 줄어드는 바람에 지금처럼 된 것이지. 중명전은 러시아 건축가가 설계한 건물인데 황실 도서관뿐 아니라 고종의 집무실로도 쓰였대.

그러던 1905년 11월 17일 새벽 1시. 일본은 군대까지 동원해 고종과 대신들을 협박해서 을사조약을 체결했어. 이 조약에 따라 대

한 제국은 외교권을 빼앗기고 일제의 보호국이 되고 말았지. 이 조약에 찬성했던 이완용을 비롯한 5명의 대신을 '을사오적'이라고 불러. 이후 이들은 대표적인 친일파가 되어서 나라를 팔아먹고, 일제의 식민 통치에도 적극 협조하게 된단다.

러일 전쟁, 뜻밖의 승부

중명전 1층의 왼쪽 전시실에서는 을사조약 전문을 볼 수 있어. 제1조를 한번 읽어 볼까? "일본국 정부는 도쿄에 있는 외무성을 통해 대한 제국의 외국에 대한 관계 및 사무를 지휘한다."라고 쓰여 있군. 첫 조항부터 대한 제국의 외교권을 빼앗는 내용이네.

제3조에는 "(일본의) 통감은 전적으로 외교에 관한 사항을 관리하기 위해 서울에 주재하며 직접 대한 제국 황제 폐하를 만나 볼 수 있는 권리를 갖는다."라고 되어 있어. 통감이란 정치나 군사의 모든 일을 통솔하고 감독하는 사람을 말해. 일본은 도쿄에서 대한 제국의 외교권을 주물렀을 뿐만 아니라 서울에 통감을 보내 외교뿐 아니라 우리나라 정치를 마음대로 결정했어. 이때 초대 통감으로 우리나라에 온 사람이 바로 이토 히로부미야. 나중에 안중근 의사의 총탄에 쓰러진 이토 히로부미는 '일제의 조선 침략 사령관'이라고 부를 만한 인물이야. 을사조약도 이토 히로부미가 주도해서 체결한 것이었단다.

그런데 청일 전쟁에서 승리한 이후에도 조선을 완전히 손아귀에 넣지 못했던 일본이 어떻게 대한 제국 정부에 을사조약을 강요할 수 있었을까? 이것을 가능하게 만든 두 가지 중요한 일이 있었어. 우선은 러시아와 일본의 전쟁. 지난 시간에 청일 전쟁에서 승리한 일본이 본격적으로 조선을 침략하려고 했을 때, 러시아가 막아섰다고 했던 것 기억나? 물론 러시아도 조선을 차지하려고 했기 때문이었지만 말이야. 청일 전쟁에서 진 청나라가 자신의 영토인 랴오둥 반도를 일본에 넘겨주기로 조약을 맺었는데, 일본이 커지는 걸 우려한 러시아가 프랑스·독일과 손잡고 랴오둥 반도가 일본에 넘어가는 것을 막았지. 이걸 '삼국 간섭'(1895년)이라고 불러.

삼국 간섭 이후로 러시아와 일본의 갈등은 계속 커져 갔어. 남쪽으로 세력을 확장하려는 러시아와 북쪽으로 세력을 넓히려는 일본

146 3부 일제 강점기의 시련 속에서

러일 전쟁의 종결을 논의하는 회담 현장을 그린 그림

이 부딪쳤지. 결국 이 갈등은 1904년 '러일 전쟁'으로 폭발한단다. 전쟁의 결과는? 모두의 예상을 뒤엎고 일본의 승리. 나라의 크기로 보나, 인구로 보나, 국력으로 보나 러시아가 이길 것만 같았는데 몇 번의 치열한 전투 끝에 일본이 승리하게 되었어. 자, 드디어 일본이 조선을 침략하는 데 걸림돌이 되었던 나라는 모두 사라지게 된 셈인가? 완벽하지는 않아. 삼국 간섭 때 러시아와 함께했던 프랑스와 독일이 있으니까. 그래서 일본은 몇 가지 일을 더 했어.

먼저 일본은 미국과 비밀리에 조약을 맺었어. 미국이 필리핀을 점령하는 것을 일본이 인정하는 대신, 일본이 조선을 침략하는 것을 미국이 인정하기로 한 거야. 이 당시에는 미국도 제국주의 국가 중 하나였어. 식민지를 얻기 위해서라면 남의 나라가 어떻게 되든 지 상관할 바 아니었던 거야. 여기에 일본은 영국과도 동맹을 맺게 된단다. 당시 세계를 지배하다시피 하던 영국이 일본 손을 들어 주 었으니, 프랑스와 독일도 뭐라고 하지 못했지. 이제 일본은 마음 놓 고 조선을 침략했고, 그 결과 을사조약이 강제로 맺어진 거야.

을사조약이 체결된 것이 알려지자 우리나라 사람들은 가만있지 않았어. 관리였던 민영환은 을사조약의 부당함을 알리는 유서를 남긴 채로 목숨을 끊었고, 최익현 같은 선비들은 전국에서 의병을 일으켰지. 양반, 농민, 상인, 승려 등 수많은 사람들이 조약을 반대 했고, 그중 일부는 의병이 되기도 했어.

돌아오지 못한 헤이그 특사

그렇다면 고종은? 자신이 그토록 반대했던 을사조약이 체결되는 것을 지켜봐야만 했던 고종은 가만히 있었던 것일까?

고종 황제는 만국 평화 회의가 열리는 네덜란드 헤이그에 특사를 파견하여 을사조약이 무효임을 국제 사회에 알리려고 하였다. 그러나 일 본의 방해와 세계 여러 나라의 무관심 속에 실패하고 말았다. 이로써 대한 제국은 국제 사회의 일원으로서 자격을 상실한 채 일본의 보호국이 되었다.

그러면 그렇지. 고종도 을사조약을 무효로 만들기 위해서 뭔가 노력을 했구나. 만국 평화 회의는 이름 그대로 전 세계 나라들이 모여서 평화를 논의하는 자리였어. 이 당시는 제국주의 국가들끼리 식민지를 사이에 두고 여기저기서 전쟁을 벌이고 있었거든. 이대로 간다면 세계 대전이 벌어질지도 모르니, 모두 같이 모여 평화를 어떻게 이룰 것인지 이야기해 보자는 것이었지. 이 사실을 알게 된 고종은 여기에 특사를 파견해서 을사조약의 부당함을 전 세계에 알리고자 한 거야. 고종은 바로 중명전에서 비밀리에 이준·이상설·이위종을 헤이그 특사로 임명했단다.

중명전 전시실에는 헤이그 특사에 대한 내용도 전시되어 있으니 찬찬히 살펴보자. 우선 헤이그에 특사를 보내기 전에 고종이 영국의 신문 기자에게 전한 편지가 눈에 띄네. "1905년 11월 17일 일본

헤이그 특사(왼쪽)와 고종의 임명장(오른쪽)

『만국평화회의보』에 실린 헤이그 특사 기사

과 체결한 조약은 황제께서 허락하지 않았고, 서명하지도 않으셨다."라는 내용으로 시작하는군. 이렇게 을사조약은 처음부터 황제의 허락과 서명을 받지 않은 불법적인 조약이었어. 고종은 이 내용을 영국과 미국의 언론을 통해 전 세계에 알리려고 했지. 그뿐만 아니라 영국과 러시아, 독일, 프랑스, 오스트리아, 이탈리아의 국가 원수들에게 공식 편지를 보내서 을사조약의 부당함을 알렸어. 그리고 마지막으로 헤이그의 만국 평화 회의에 특사를 보내기로 한 거야.

중명전에서 고종 황제의 임명장을 받은 이준은 1907년 4월 네덜란드의 헤이그로 출발했어. 지금처럼 비행기가 다닌 것도 아니었으니 몇 달이 걸릴지 모르는 먼 길이었지. 더구나 일제의 눈을 피해 몰래 가야 했으니까 더욱 어려운 길이었어.

고종의 특사 세 명이 네덜란드 헤이그에 도착한 것은 1907년 6월 25일. 아쉽지만 만국 평화 회의가 시작하고 10일이 지난 후였어. 그래도 시간은 충분했어. 회의는 10월 중순까지 계속되었거든. 하지만 헤이그 특사는 회의장 안에 들어갈 수조차 없었단다. 회의를 주도했던 미국과 영국, 일본이 방해했거든. 미국은 일본과 비밀 조약을, 영국은 일본과 동맹을 맺은 상황이었으니까. 결국 헤이그 특사의 임무는 실패로 돌아갔고, 이 일을 원통해하던 이준은 헤이그에서 숨을 거두고 말았어.

일본의 역습, 고종이 물러나고 군대가 해산되다

네덜란드 헤이그에 나타난 고종의 특사 때문에 곤욕을 치른 일본은 오히려 이 일을 절호의 기회로 삼았어. 평소 자신들의 말을 안 듣고 자주독립을 꾀하던 고종을 끌어내리기로 한 거야. 일본의 주장대로 한다면 헤이그 특사 파견은 을사조약을 위반한 행동이었지. 조약에 따르면 모든 외교는 일본이 도맡기로 되어 있었으니까. 조약 자체가 강요에 의해 불법적으로 맺어진 것인데 이게 말이 되느냐고? 일본은 개의치 않고 총칼과 군대로 밀어붙였어.

일본은 군대를 덕수궁으로 들여보내 고종을 위협했어. 조선 통감 이토 히로부미는 만약 고종이 물러나지 않는다면 일본이 전쟁을 일으킬 것이라고 협박했어. 을사오적의 한 명인 이완용은 고종을 위협하고 왕위를 아들인 순종에게 물려주라고 윽박질렀어. 고종은 더 이상 버티지 못하고 왕위를 순종에게 물려주고 말았단다.

조선 침략의 걸림돌이었던 고종이 물러나자 일제의 침략은 한층 더 속도를 내었어. 대한 제국의 새로운 황제 순종도 일제의 뜻을 거스르기 어려웠을 거야. 궁궐 안까지 일본 군대가 들어와 있고, 친일파가 칼을 들고 황제를 위협하는 상황이었으니까.

이제 거칠 것이 없어진 일제와 친일파들은 사법권을 빼앗아 일본의 판사가 애국지사들을 재판하게 하였고, 대한 제국의 군대마저 해산해 버렸어. 외교권도 없고 사법권도 없고 군대마저 해산되었으니 이젠 정말 조선이 일제의 식민지로 전락하는 일이 코앞에 닥친 셈이야.

순종

나름대로 마지막까지 일제에 저항하던 고종은 물러났지만, 국민들의 저항은 계속되었어. 이번에는 강제로 해산당한 군인들이 곳곳에서 의병을 일으켰지. 지난번 을사조약 때 생겨난 의병 세력에 군인들이 합류하면서 저항은 더욱 거세졌어. 의병 전쟁이라 불러도 좋을 만큼 전국 곳곳에서 일본군과 전투를 벌였지.

하지만 우세한 무기와 병력으로 대대적인 토벌 작전을 펴는 일본군에 밀려 국내에서는 더 이상 전투를 할 수가 없었단다. 이때 의병이 되

었던 안중근은 만주 하얼빈에서 이토 히로부미를 암살하는 데 성공했어. 하지만 이 모든 저항도 조선이 일본의 식민지가 되는 것을 막을 수는 없었단다.

다음 중 일제가 고종을 물러나게 하기 위해 내세운 직접적인 이유는?

① 을사조약에 반대했기 때문이다.
② 헤이그에서 열린 만국 평화 회의에 특사를 파견했기 때문이다.
③ 대한 제국의 군대 해산을 반대했기 때문이다.
④ 러일 전쟁 때 러시아 편을 들었기 때문이다.

정답 | ②번. 일제는 헤이그 특사를 빌미로 고종을 물러나게 했어.

대한 제국, 역사 속으로 사라지다

1910년 8월, 서울에는 일본 헌병들과 경찰들이 빈틈없이 깔렸어. 당장 큰일이라도 벌어질 것 같은 분위기였지. 그리고 정말 큰일이 벌어졌어. 그해 8월 22일에 대한 제국과 일본 사이에 병합 조약이 체결되고 만 거야. 일제가 대한 제국을 완전한 식민지로 만들기 위해 강제로 체결한 한일 병합 조약이지. 이 조약을 맺기 위해 일제는 궁궐뿐 아니라 서울 전체에 험악한 분위기를 만들어 놓았던 거야. 그리고 일주일 뒤인 8월 29일에 이 조약을 공포함으로써 우리나라는 국권을 상실하고 일본의 식민지가 되고 말았단다. 이렇게 일제가 우리나라의 국권을 강제로 빼앗고 식민지로 삼은 일을 '국권 피탈'이라고 해.

이때의 한일 병합 조약서에는 순종 황제의 서명이 없어. 이런 중요한 문서에는 황제의 도장을 찍고 사인도 하는 것이 관례거든. 그래서 조선이 일본의 식민지가 된 것은 처음부터 무효라는 주장도 있어. 하지만 결국 대한 제국은 역사 속으로 사라지고 말았단다.

📖 국권을 강탈한 일제는 조선 총독부를 설치하여 우리 민족을 강압적으로 통치하였다. 또 헌병 경찰을 전국에 배치하여 백성들을 감시하고 탄압하였다.

조선 총독부는 우리나라를 지배하기 위해 일제가 세운 기관이야. 지금으로 치면 정부와 국회, 법원의 기능을 모두 모아 놓은 절대 권

경복궁에 들어선 조선 총독부

력 기관이지. 여기다 전국적으로 헌병 경찰을 풀어서 우리나라를 총칼로 지배하기 시작했어. 군인인 헌병이 경찰 역할을 하게 한 거지. 모든 정치 활동과 신문 발행이 금지되었고, 만민 공동회처럼 여럿이 모여 주장을 알리는 일도 불법이 되었어. 한마디로 국민의 기본권들을 모두 빼앗긴 거야. 그런데 이것은 시작에 불과했어. 일제의 식민 지배가 어떠했고, 우리 민족이 어떤 고통을 겪었는지, 다음 시간에 좀 더 자세히 알아보기로 하자.

 역사 현장 답사

대한제국의 운명이 갈린 곳, 중명전

붉은 벽돌의 아담한 건물인 중명전은 아치 모양의 구멍이 연달아 뚫린 외벽이 인상적이야. 러시아 건축가인 사바틴이 설계했다고 해. '중명전'이라는 현판이 달린 정문을 통과해서 들어가면 유리판 아래 아름다운 문양의 대리석 바닥이 먼저 눈에 들어와. 이 바닥은 처음 건물을 지을 때부터 있었던 것이라 이렇게 유리판으로 보호하고 있단다. 중명전은 건물 골격만 빼면 대부분 새로 복원된 것인데, 이 바닥만은 초기의 모습을 간직하고 있어.

1층에 있는 전시관은 모두 4개의 주제로 나뉘어 있어. 건물 자체가 문화재이기 때문에 모든 전시물들이 벽이 아니라 가구에 전시되어 있네. 벽에다 못 하나도 박지 않기 위해서래. 첫 주제인 '중명전의 탄생'은 중명전의 역사를 다루고 있어. 덕수궁의 황실 도서관으로 지어졌다가 고종이 이곳으로 거처를 옮기면서 집무실로 사용되었다는 내용이지. 고종의 집무실이었기 때문에 이곳에서 을사조약이 체결되었던 거야.

두 번째 주제는 '을사늑약을 증명하는 중명전'이야. 늑약이란 강제로 맺어진 조약이라는 것을 강조하는 말이야. 여기에는 을사조약의 원문과 함께 조약이 체결될 당시의 상황을 날짜별로 정리해서 보여 주고 있어. 물론 을사조약의 부당함도 꼼꼼히 지적하고 있지.

세 번째 주제는 '주권 회복을 위한 대한 제국의 투쟁'이야. 을사조약이 체결된 이후 고종은 조약의 부당함을 알리기 위해 여러 가지 노력을 하거든. 고종은 외국 언론이나 영사관을 통해, 조약이 강제로 맺

중명전 외부 모습

중명전 전시관

어졌기 때문에 무효라는 사실을 알렸어. 그리고 마침내 헤이그에서 열리는 만국 평화 회의에 특사를 보낼 결심을 했지.

　마지막 전시실은 '헤이그 특사의 도전과 좌절'이란 주제로 꾸며져 있어. 만국 평화 회의의 생생한 현장 사진 옆으로 이준 열사를 비롯한 헤이그 특사들이 회담장까지 가는 여정이 지도 위에 표시되어 있어. 서울을 출발해 러시아를 가로질러 네덜란드의 헤이그에 도착하기까지 두 달이 넘게 걸렸네. 비록 특사들의 노력은 실패로 끝났지만, 우리의 독립 의지를 세계에 알렸다는 데 의의가 있어. 이런 노력들이 모여서 광복을 이루게 되는 거니까 말이야.

:: 알아 두기 ::
가는 길 지하철 1, 2호선 시청역 1번 출구나 12번 출구로 나오면 걸어서 10분 걸려.
관람 소요 시간 규모가 작아 30분이면 충분해.
휴관일 매주 월요일.
추천 코스 4가지 전시 주제를 순서에 따라 둘러보자.

9교시

조선의 땅도 쌀도 회사도 일본의 것!

부산근대역사관

여기서 부산의 역사를 알 수 있다 카던데?

쌤, 사투리 어색하네예~

> 이제 우리나라는 일본의 식민지가 되었어. 대한 제국이라는 나라 이름은 없어지고, '조선'이라는 지역 이름으로 불리게 되었지. 일본은 조선의 토지를 빼앗고 쌀을 가져갔어. 마치 우유에 빨대를 꽂고 조금씩 빨아 먹듯이 조선의 식량과 자원을 야금야금 빼앗아 가기 시작했단다.

오늘은 좀 멀리 왔네. 서울에서 버스로 5시간이나 걸리는 곳이니까. 물론 KTX를 타면 2시간 만에 올 수도 있어. 이쯤 말하니 여기가 어딘지 알겠지? 맞아, 여긴 부산이야. 그중에서도 우리가 갈 곳은 부산근대역사관이야.

부산근대역사관은 이름 그대로 근대가 시작한 이후 부산의 역사를 보여 주는 전시관이야. 우리 역사에서 근대의 시작은 나라 문을 연 개항 때부터라고 이야기한 것, 기억하지? 다른 나라에 항구를 열었기 때문에 '개항'이라 부른다는 것도 말이야. 강화도 조약을 통해 문을 연 세 개의 항구는 부산과 인천, 원산이었어. 그중 부산이 가장 먼저 문을 열었단다. 그러니 부산의 근대는 바로 우리나라의 근대를 대표한다고 말할 수 있지.

부산근대역사관에서 가장 먼저 보아야 할 것은 바로 건물이야. 한눈에 보기에도 멋지고 오래되어 보이지? 지붕까지 돌로 지은 것을 보니 조선 시대 건물은 아니군. 부산근대역사관 건물은 약 80여 년 전에 일본의 동양 척식 주식회사 부산 지점으로 세워진 거래. 그런데 동양 척식 주식회사가 뭐냐고? 오호, 좋은 질문! 오늘 배울 내용이 바로 동양 척식 주식회사와 아주 밀접한 관련이 있거든.

동양 척식 주식회사는 일제가 설립한 회사야. 이 회사는 조선 총독부로부터 넘겨받은 토지를 일본인에게 싼값에 되팔아 일본인이 조선에 정착하는 것을 도와주었지. 한마디로 조선 땅을 일본인에게 헐값으로 나눠 준 회사라는 말씀. 그렇다면 조선 총독부는 어떻게 조선의 땅을 가지게 되었을까?

이걸 알기 위해서는 우선 '토지 조사 사업'이 무엇인지 알아야 해. 나라를 빼앗은 일제는 먼저 토지 조사 사업을 실시했단다. 토지를 가진 사람은 주인으로 인정받기 위해 토지의 주인, 가격, 모양과 크기 등을 정해진 날까지 신고해야 했어. 일제는 신고한 내용을 조사하여 토지세를 철저하게 매겼지. 그리고 신고하지 않은 토지를 나라의 소유로 정한 후, 동양 척식 주식회사에 넘긴 거야.

토지 조사 사업의 두 얼굴

그러니까 토지 조사 사업은 두 가지 목적으로 실시되었어. 하나는 토지를 철저히 조사해서 토지세를 제대로 매기는 것. 다음으로는 최대한 많은 땅을 확보해서 일본인의 조선 정착을 돕는 것.

사실 조선 후기에는 나라의 장부에 올라가 있지 않은 토지들이 많아서 세금이 제대로 걷히지 않았어. 왜냐고? 임진왜란과 병자호란 이후에 새로 생긴 경작지 혹은 세도 정치 시기에 세도가들이 가진 토지는 세금을 내지 않기 위해 일부러 신고를 안 했거든. 그래서 일제는 세금을 빠짐없이 걷기 위해서 토지 조사 사업을 벌인 거야.

일제의 토지 조사 사업은 무려 8년 8개월 동안이나 계속되었어. 전국의 토지를 꼼꼼히 조사한 다음에 철저히 토지세를 물렸지. 이 과정에서 토지의 소유 관계가 분명해지는 효과도 있었어. 또한 토지 조사가 정확히 이루어지니 세금도 토지에 따라 정확하게 매겨졌지. 이런 건 일제의 토지 조사 사업이 가져다준 이점이라고 볼 수 있어. 이전에는 관리들이 제멋대로 세금을 매겨서 농민들이 큰 고통을 겪기도 했거든.

어라? 그러면 일제가 우리나라를 침략한 것이 우리에게 도움이 되었다는 거네? 그렇다면 우리를 지배한 일본에게 오히려 고마워해야 되는 건가? 사실 지금도 일부 일본 사람들이 이렇게 주장하고 있어. 오늘날 대한민국이 이 정도 잘살게 된 것은 일본의 지배를 받았기 때문이라는 거지. 그런데 생각해 봐. 이렇게 거둔 세금을 어디에 썼을까? 당연히 식민지를 지배하는 데 썼지! 조선 사람들의 자유를 억압하고, 쌀과 여러 자원들을 빼내는 데 말이야. 그러니 일제의 지배가 우리에게 도움이 되었다는 건 말도 안 되는 이야기야.

쌀을 더 많이 빼앗기 위한 산미 증식 계획

농촌의 농민들은 턱없이 오른 토지 사용료와 세금을 내고, 얼마 남지 않은 쌀을 팔아 만주에서 들어온 질이 낮은 잡곡을 사서 먹었다. 봄철 보릿고개가 되면 먹을 것이 부족하여 풀뿌리나 나무껍질을 먹으며 목숨을 연명하기도 하였다.

식민지 조선 사람들의 삶은 갈수록 어려워졌어. 그런데 토지 조사 사업을 마친 일제는 '산미 증식 계획'을 시작해. 이건 이름 그대로 쌀 생산을 늘리는 계획이야. 오호, 그렇다면 이번에는 농민들의

일본으로 실어 가려고 쌓아 놓은 조선의 쌀가마니들

생활이 좀 나아졌을까? 전혀 그렇지 않았어. 일제는 조선 농민들이 생산한 많은 양의 쌀을 거두어들여 일본으로 가져갔고, 우리나라에는 점점 쌀이 부족하게 되었거든. 그래서 농민들은 쌀을 팔아서 만주에서 들여온 싸구려 잡곡을 사 먹을 수밖에 없었지.

　산미 증식 계획을 통해 쌀의 생산이 늘어난 것은 맞아. 하지만 일제는 늘어난 쌀보다 더 많은 양을 일본으로 가져갔어. 토지 조사 사업도 마찬가지였어. 토지 조사 사업을 하면서 땅 주인이 확실해지고, 세금도 더 정확하게 거둘 수 있게 된 것은 사실이야. 그런데 토지 조사 사업의 결과 토지세가 늘어났고, 대대로 농사를 짓던 땅에

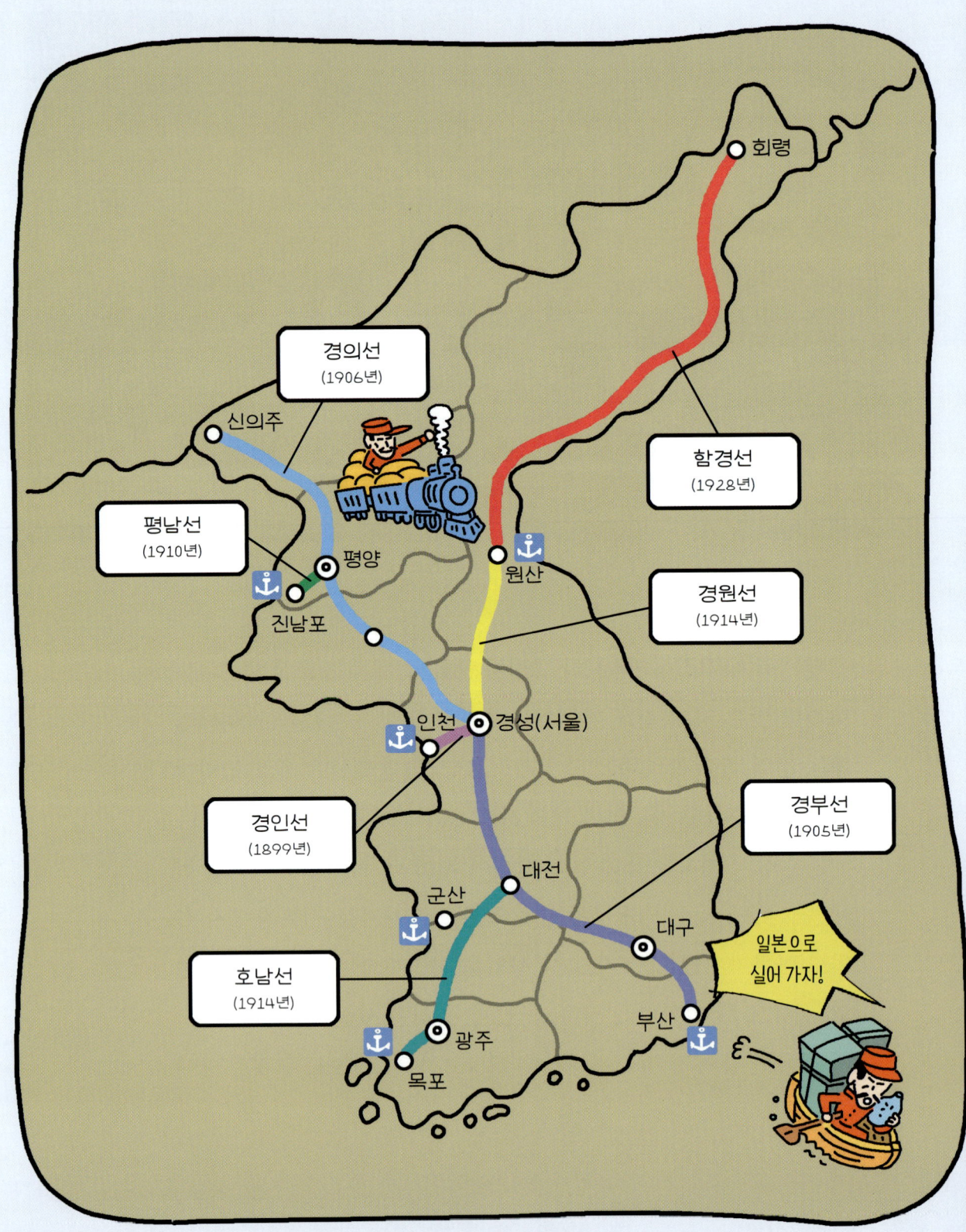

서 쫓겨나는 농민들이 증가했어. 반면, 일본인들이 가진 땅은 크게 늘어났지.

사람들의 생활을 편리하게 만든 철도와 근대 시설을 갖춘 항구도 마찬가지야. 이렇게 편리한 철도와 항구를 통해 우리나라의 자원을 일본으로 실어 가 버렸으니까. 그러니까 중요한 것은 일제가 우리나라에 얼마나 편리하고 훌륭한 근대식 제도와 시설을 갖춰 놓았느냐가 아니라 무엇을 위해서 그렇게 했느냐 하는 것이지.

다음 중 일제의 식민 지배에 대한 설명으로 틀린 것은?

① 토지 조사 사업의 결과 토지세를 정확히 매길 수 있었다.
② 토지 조사 사업의 결과 자기 땅을 가진 농민들이 줄어들었다.
③ 신고가 안 된 토지는 국유지로 한 후, 동양 척식 주식회사를 통해 일본인에게 넘어갔다.
④ 산미 증식 계획의 결과 쌀의 생산량이 늘어나 농민의 생활이 좋아졌다.

정답 | ④번. 늘어난 생산량보다 더 많은 양을 가져가 농민들의 생활은 더 어려워졌어.

일제가 지배하는 서울의 모습

일제는 1929년 조선 식민지 통치 20주년을 기념하여 조선박람회를 개최했어. 그동안의 통치 성과를 자랑하기 위한 것이었지. 이 박람회는 50일 동안 경복궁에서 열렸는데, 이로 인하여 경복궁은 완전히 훼손되고 말았어. 아래는 조선박람회를 나타낸 그림 지도야. 당시 경성이라 불렸던 서울의 모습을 자세히 확인할 수 있단다.

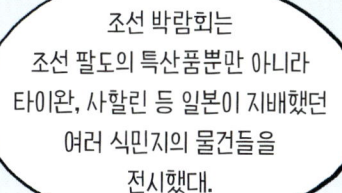

조선 박람회는 조선 팔도의 특산품뿐만 아니라 타이완, 사할린 등 일본이 지배했던 여러 식민지의 물건들을 전시했대.

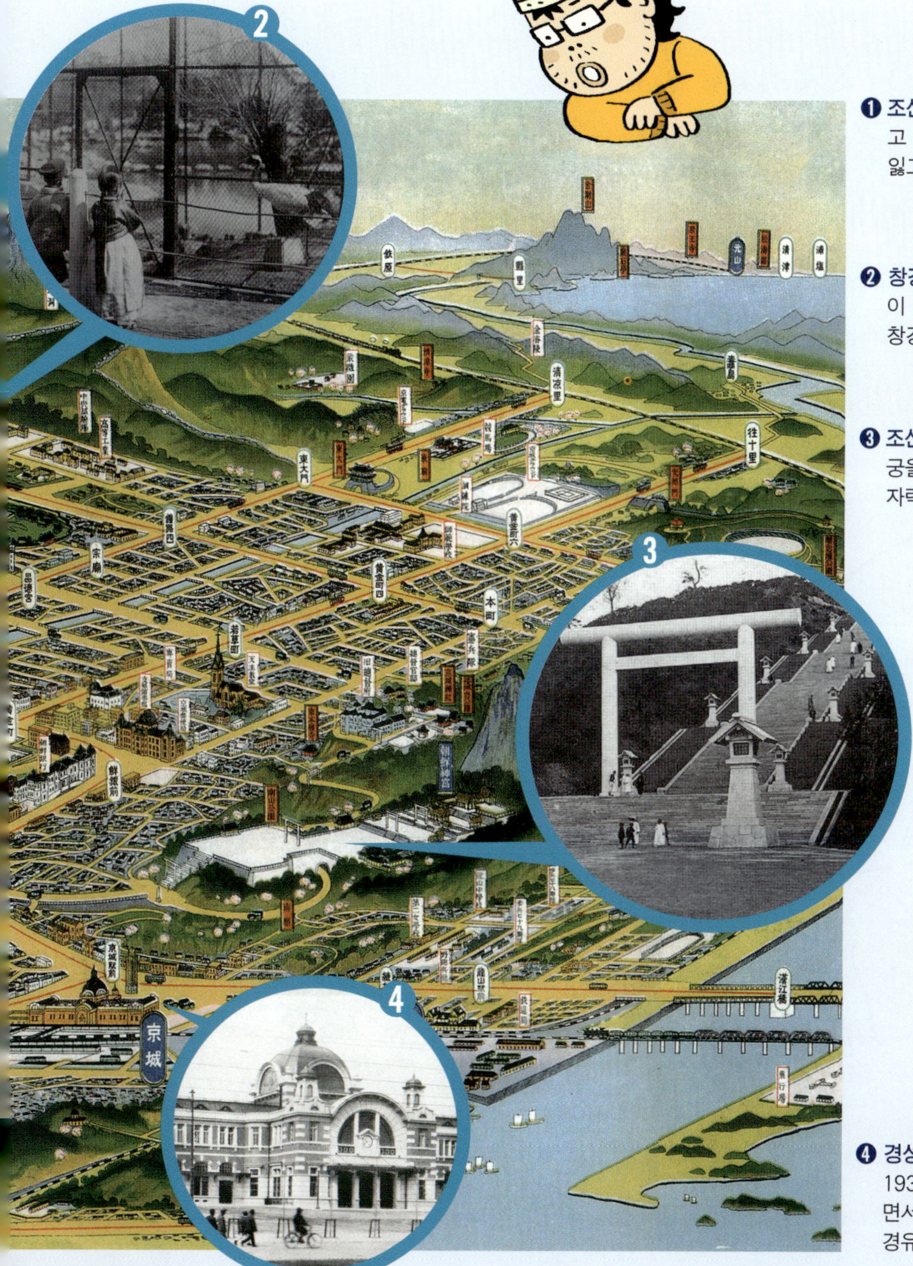

❶ **조선 총독부** 경복궁 근정전 앞을 가로막고 들어서면서 광화문도 원래의 자리를 잃고 말았다.

❷ **창경궁** 궁궐에 동물원, 식물원, 박물관이 들어서 공원이 되어 버렸고, 이름도 창경원으로 바뀌었다.

❸ **조선신궁** 일제는 그들의 신을 모시는 신궁을 서울 어디에서나 볼 수 있도록 남산 자락에 세웠다.

❹ **경성역(서울역)** 한반도 철도망의 중심. 1930년대 이후 일제가 대륙으로 진출하면서 일본, 조선, 만주, 중국을 잇는 주요 경유지가 되었다.

물가는 오르고, 수입은 줄고

자, 이쯤에서 부산근대역사관을 좀 더 둘러볼까? 우선 눈에 띄는 것은 서울에 있던 동양 척식 주식회사의 건물 모형. 확실히 부산 지점 건물보다는 커 보이네. 동양 척식 주식회사가 이렇게 큰 것은 그만큼 우리나라에서 많은 것을 빼앗아 갔다는 뜻이지. 동양 척식 주식회사에서는 비싼 이자를 받고 농민들에게 돈을 빌려준 다음, 갚지 못하면 땅을 빼앗기도 했거든. 또 땅이 없는 농민들은 이 회사의 땅을 빌려 농사를 짓고 비싼 소작료를 내야 했어.

그래서 동양 척식 주식회사를 향한 사람들의 원성이 커져 갔고, 급기야 나석주라는 독립운동가가 이곳에 폭탄을 던지기도 했단다. 아쉽게도 폭탄은 불발이었지만 말이야.

부산근대역사관에는 일제 강점기의 화폐도 전시되어 있어. 화폐 위쪽에 한자로 '조선은행권(朝鮮銀行券)'이라고 쓰여 있는 게 보이니? 조선은행은 지금의 한국은행처럼 돈을 찍어 내는 중앙은행이었어. 일제 강점기가 되면서 조선 시대 때 쓰던 엽전 대신 종이돈(지폐)인 조선은행권이 쓰이게 된 거란다.

그러면 무겁고 거추장스러운 엽전을 쓸 때보다 사람들의 생활은 더 편리해진 것일까? 돈이 있는 사람들이야 편리했지만, 돈이 없는 사람들의 생활은 더욱 어려워졌어. 왜냐고? 종이돈을 찍어 내면서 돈이 흔해졌기 때문이야. 물건이 더 늘어난 것이 아닌데 돈이 불어났으니 물건값이 올라갈 수밖에. 흔해진 돈을 모든 사람이 골고루 나눠 가지면 별 상관이 없겠지만, 일제와 부자들의 손에 집중되었으니 돈이 없는 사람들은 살기가 더욱 어려워졌지.

조선은행권 옆에는 빨간색과 검은색 숫자가 빼곡히 쓰인 장부가 놓여 있어. 바로 동양 척식 주식회사의 소작료 장부란다. 일제는 정말 철저하게 소작료를 거둬 갔구나.

100원짜리 조선은행권

동양 척식 주식회사의 소작료 장부

식민지 근대화의 빛과 그림자

다음 전시실은 부산근대역사관에서 가장 인기가 좋은 '부산의 근대 거리'야. 여기에는 일제 강점기 부산의 모습을 재현해 놓았지. 거리에는 전차도 다니고, 은행과 병원 등 근대적 시설들도 늘어서 있구나. 이건 대한 제국이 그토록 원하던 근대화가 이루어진 모습이 아닐까? 새로운 교통과 통신이 발달하고 각종 근대적 시설들이 즐비하게 들어섰으니 말이야.

그런데 여기서 다시 한 번 드는 의문 하나. 그렇다면 대한 제국이 이루려고 했던 근대화를 일제가 이루어 주었으니, 식민지가 된 것은 다행스러운 일이었을까?

📖 일본은 쌀을 수출하는 항구, 교통의 중심지, 일본군 주둔지, 군수 공장이 많은 곳을 중심으로 도시를 개발하였다. 특히 일본인이 많이 사는 곳을 중심으로 상하수도를 정비하고 병원을 늘려 지었다. 일본인들은 건물 내에 화장실과 욕실을 갖춘 주택에서 살았고, 백화점에서 물건을 사거나 극장에서 영화를 즐겼다. 그러나 대부분의 우리나라 사람은 도시의 혜택을 누리지 못하였다.

부산의 근대 거리도 마찬가지였어. 최신식 시설이 갖추어진 멋진 건물이 들어선 곳은 일본인들이 사는 지역이었지. 물론 그곳에도 조선인들이 있긴 했지만 아주 적은 숫자에 불과했어. 오히려 원래 이곳에 살던 많은 조선인들은 다른 곳으로 쫓겨났어. 이렇게 쫓겨

일제 강점기 부산의 거리를 재현해 놓은 모습

> 멋진 근대 거리는 일본인과 일부 조선인만을 위한 것이었어.

난 사람들은 제대로 된 집이 아니라 거적으로 얼기설기 지은 움막집에서 살았지. 서울이나 부산 같은 도시의 변두리에는 농촌에서 올라온 수많은 사람들이 이런 움막집을 짓고 살았다는구나. 이들 대부분은 도시로 일자리를 구하러 온 사람들이었어. 일본인이 경영하는 공장의 노동자들은 열악한 환경 속에서 하루 12시간이 넘는 고된 일을 했단다.

농촌에 살고 있는 사람들의 생활도 어렵기는 마찬가지였어. 토지 사용료와 각종 세금은 계속 오르기만 했으니까. 앞에서 설명했듯이 자기들이 생산한 맛난 쌀을 팔아 만주에서 들여온 맛없는 잡곡을 사 먹어야 했어. 그래야 겨우 하루 두 끼라도 먹을 수 있었거든.

'보릿고개'라는 말을 들어 본 적 있지? 1권에서 설명했듯이 지난

9교시 조선의 땅도 쌀도 회사도 일본의 것! 171

가을에 추수한 쌀은 떨어졌는데, 보리를 거둘 수 있는 초여름은 아직 오지 않은 때를 가리켜. 이때가 되면 사람들은 먹을 게 없어서 풀뿌리나 나무껍질을 먹기도 했단다.

보릿고개가 더욱 심해진 것은 일제 강점기에 들어와서야. 토지 조사 사업과 산미 증식 계획으로 농민들의 부담이 늘어난 데다 일제가 우리 쌀을 일본으로 가져가면서 상황이 더욱 나빠졌거든. 오죽했으면 조선 총독부의 관리까지 "먹으려야 먹을 것이 없고, 입으려야 입을 옷이 없는 떠돌이 신세가 되어, 산이나 길거리에 쓰러져 외로이 죽어 가는 자가 해마다 큰 숫자에 이르고 있다."라고 했을 정도니까. 특히 1930년대에 들어서 보릿고개는 더욱 심해졌어. 중국을 상대로 전쟁을 일으킨 일제가 더욱 많은 식량을 빼앗아 갔기 때문이지.

일제 강점기의 움막집

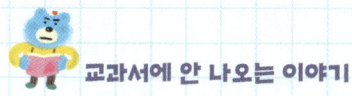 교과서에 안 나오는 이야기

조선으로 이주할 일본인을 모집합니다!

일본이 조선을 식민지로 삼은 다음, 많은 일본인들이 조선으로 건너왔어. 이들 중에는 조선 총독부에서 근무하는 일본인 관리들도 있었지만, 부자가 되기 위해 건너온 일본인도 많았어. 일본 정부가 적극적으로 일본인들의 조선 이주를 추진했거든. 동양 척식 주식회사도 여기에 앞장섰단다. 이런 광고를 할 정도로 말이야.

조선 이주는 지주가 되는 지름길!

- ✓ 조선은 기후와 재배하는 작물 종류가 일본과 거의 똑같다!
- ✓ 땅값은 일본의 7분의 1에 불과하다!
- ✓ 동양 척식 주식회사가 주는 토지는 철도나 일본인 마을 주변에 있다!
- ✓ 이미 경작하고 있는 땅이므로 새롭게 개간할 필요가 없다!
- ✓ 교통이 편리하고 물난리와 냉해를 걱정할 필요가 없다!

조선으로 이주한 일본인들

일본인 이주 농가의 모습

역사 현장 탐사

100년 전 부산 거리 산책, 부산근대역사관

부산근대역사관 입구

부산 하면 뭐가 떠올라? 바다? 갈매기? 해마다 여름이면 해운대를 가득 메우는 수백만 명의 사람들? 부산은 우리나라 제2의 도시이자 여름철 인기 만점 여행지로 유명하지만, 우리나라에서 제일 먼저 문을 연 항구이기도 하단다. 일본과 강화도 조약을 맺고 부산과 원산, 인천을 차례로 개항했거든. 일제는 가장 먼저 문을 연 부산을 개발하기 시작했어. 물론 한반도에서 뭔가를 빼앗아 가기 위해서였지만 말이야. 커다란 기차역도 세우고 서양식 건물도 짓기 시작했지. 그중 하나가 동양 척식 주식회사 부산 지점이었는데, 지금은 부산근대역사관으로 거듭나서 그 시절 부산의 역사를 보여 주고 있어.

부산근대역사관의 전시실은 2층에 몰려 있어. 제1전시실에서는 부산이 개항하고 근대 도시로 성장하는 과정을 보여 주고 있지. 처음 문을 열 당시의 부산항의 모습과 일본어 간판이 즐비한 거리 등을 찍어 놓은 옛날 사진들이 보이네. 일제가 부산을 통해 빼앗아 간 곡식과 물자가 구체적으로 무엇인지에 대한 자료도 전시되어 있고.

제2전시실은 동양 척식 주식회사에 대해서 설명하고 있어. 동양 척식 주식회사가 토지 조사 사업을 주도하면서 우리 농민들의 토지를 빼앗고, 농장을 운영하면서 농민들을 수탈했던 기록들이 꼼꼼하게 정리되어 있어. 아까 수업 시간에 봤던 조선은

'부산의 근대 거리' 전시 모습

행권과 소작료 장부도 이곳에 전시되어 있단다. 서울을 비롯해서 부산, 목포 등에 있었던 동양 척식 주식회사의 지점 건물을 재현한 모형도 눈길을 끄네.

또 다른 전시실인 '부산의 근대 거리'에는 일본인들이 모여 살았던 대청동 거리를 실물에 가깝게 재현해 놓았어. 일본어 간판이 붙어 있는 상점들과 전차 모형, 저 멀리 보이는 부산역 등이 진짜 그 시절 부산을 걷는 것처럼 실감 나게 느껴져. 지금은 많이 사라졌지만, 부산에는 여전히 오래전 모습을 간직하고 있는 거리와 건물이 많아. 6·25 전쟁 당시 모습을 알 수 있는 곳들도 많고. 6·25 전쟁 때 부산이 임시 수도였거든. 기왕 부산까지 왔다면 다른 곳들도 한번 둘러보는 것은 어떨까?

:: 알아 두기 ::
가는 길	부산 지하철 1호선 중앙역 5번 출구로 나오면 걸어서 10분 걸려.
관람 소요 시간	전시관이 크지 않아서 1시간이면 충분해.
휴관일	매주 월요일, 1월 1일.
추천 코스	제1전시실과 제2전시실을 보고 부산의 근대 거리에서 마무리!

3월 하늘에 울려 퍼진 대한 독립 만세!

10교시

> 지난 시간까지는 일제가 우리를 어떻게 괴롭혔는지 살펴보았어. 그렇다면 지금부터는 우리 민족이 어떻게 저항했는지 알아봐야겠지? 일제는 처음부터 우리를 힘으로 지배했어. 조금만 자기들 마음에 안 들어도 잡아가고 가두었지. 일제에 대한 불만은 차곡차곡 쌓였고, 결국 3·1 운동으로 폭발하게 되었단다.

해마다 3월이면 유난히 사람들이 붐비는 곳이 있어. 바로 이곳, 서대문형무소역사관이야. 서대문형무소역사관은 3·1 운동과 관련이 깊은 장소이기 때문이지. 3·1 운동이 어떤 일인지는 알지? 지금부터 100여 년 전인 1919년 3월 1일, 우리나라 사람들이 전국 방방곡곡에서 '대한 독립 만세'를 외쳤던 사건. 일제의 총칼에 맞서 맨손으로 독립 만세를 외쳤던 3·1 운동은 지금 생각해도 놀라운 일이야.

깜짝 놀란 일제는 3·1 운동에 참여했던 수많은 사람들을 잡아서 바로 여기, 서대문형무소에 가두었단다. 서대문형무소는 일제가 세운 커다란 감옥이었거든. 당시 서대문형무소의 규모는 전국에 있던 감옥을 모두 합친 것보다 두 배나 넓었어. 지금은 감옥을 교도소라고 부르지만 예전에는 형무소라고 불렀어. 수많은 독립운동가들이 서대문형무소에 갇혀 모진 고문을 받다 돌아가셨지. 그래서 해마다 3월이면 많은 사람들이 이곳에 찾아와 나라의 독립을 위해 목숨을 바친 분들에게 고마운 마음을 갖는 거야.

일제가 서대문형무소를 세운 것은 1908년이었어. 가만, 이때는 아직 일제가 대한 제국의 국권을 빼앗기 전이었잖아? 이렇게 서둘러 감옥부터 지은 것은 자주독립을 주장하며 싸우는 조선 사람들을 가두기 위해서였지. 달리 말하면 그만큼 일제에 저항하는 독립운동가들이 많았다는 이야기야. 자, 그럼 일제 강점기의 독립운동가가 된 마음으로 서대문형무소역사관을 둘러보기로 할까?

전국으로 퍼져 나간 의병 운동

붉은 벽돌로 지은 높다란 담장 아래 작은 문으로 들어가니 커다란 건물이 보이네. 원래 이곳은 형무소에서 일하는 교도관들이 쓰던 건물이었는데, 지금은 여러 유물들을 보여 주는 전시관으로 쓰이고 있어. 붉은 벽돌로 우람하게 지어진 건물이 무서워 보이는군.

안으로 들어가면 서대문형무소의 옛날 모습을 그대로 재현해 놓은 모형이 먼저 눈에 들어와. 거미줄처럼 뻗어 나간 건물이 무슨 요새처럼 생겼네. 가운데에 자리 잡은 것은 교도관들이 수감자들을 감시하던 건물인 중앙사야. 이곳에서는 수감자들이 갇힌 옥사가 한눈에 보였어. 독립운동가들을 철저히 감시하기 위한 구조라 할 수 있어.

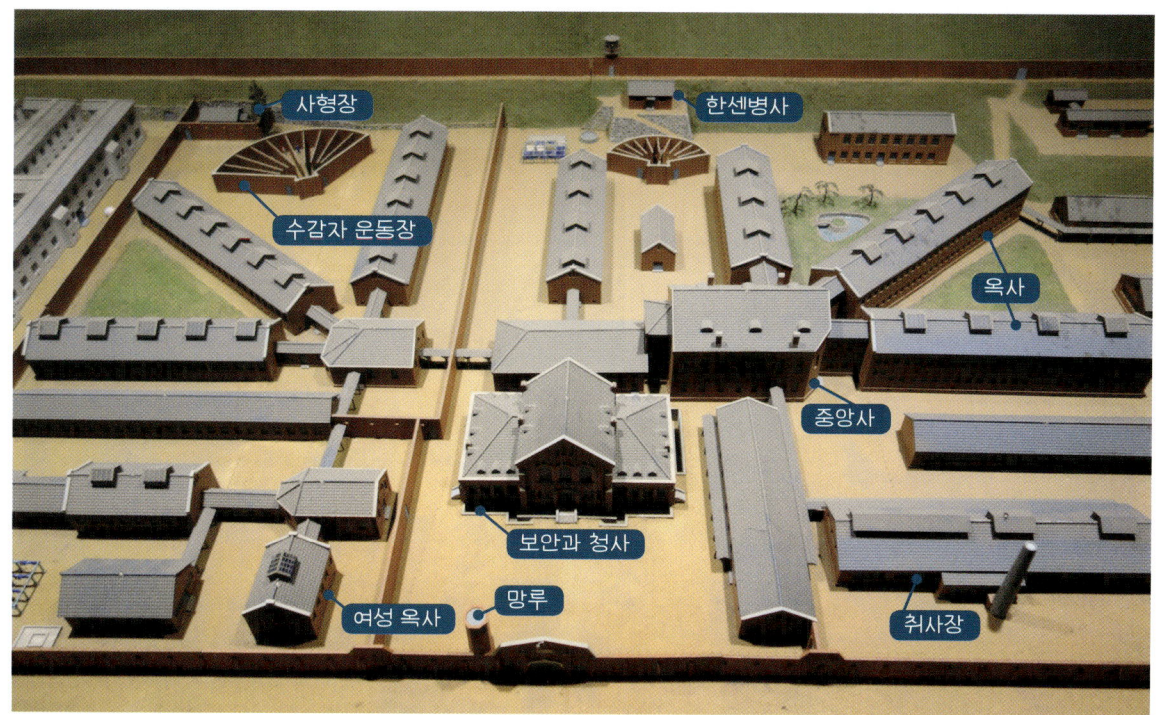

서대문형무소 모형

모형을 지나 조금 더 가면 한자가 잔뜩 쓰인 문서가 하나 보여. 그 아래 '의병장 이강년 옥중 서한'이라는 설명이 붙어 있군. 이건 이강년이 사형당하기 며칠 전에 아들에게 보낸 편지야. 이강년은 무과에 급제한 무관이었는데, 벼슬을 그만두고 고향에 있다가 명성 황후가 목숨을 잃은 을미사변이 일어나자 의병을 일으켰어. 하지만 아쉽게도 일본군에게 붙잡혀 서대문형무소에 갇혔다가 결국 이곳에서 교수형을 당했단다.

이렇듯 나라가 어려움을 당하면 어김없이 일어났던 의병 운동은 일제가 침략하자 전국적으로 널리 퍼져 나갔어.

의병장 이강년이 아들에게 쓴 편지

📖 많은 사람들이 일본의 국권 강탈의 부당함을 널리 알리고자 하였다. 나라 잃은 슬픔에 자신의 목숨을 끊는 사람들이 생겼고 의병에 합류하여 힘으로 나라를 되찾고자 하는 사람들도 늘어났다. 의병 전쟁은 해산된 대한 제국 군인들이 의병에 참가하면서부터 활기를 띠기 시작했다.

일제에 대항하는 의병 운동은 크게 세 번에 걸쳐서 일어났어. 처음에는 을미사변이 일어났을 때. 조금 전에 보았던 이강년이 여기에 해당하지. 다음으로는 을사조약이 맺어졌을 때. 마지막으로는 교과서에 나온 것처럼 대한 제국의 군대가 해산되었을 때야.

지난 시간에 이야기한 안중근 의사도 의병이었어. 우리나라뿐만 아니라 러시아의 연해주, 중국의 만주 등지에서 의병 부대를 이끌었지. 그러다 조선의 침략에 앞장섰던 이토 히로부미가 만주에 온다는 소식을 듣고 1909년 하얼빈에서 권총으로 그를 저격한 거야.

힘을 키우자, 인재를 기르자

이 시기 일제에 대한 저항이 의병 운동만 있었던 것은 아니야. 총 칼로 우리나라를 지키려고 한 것이 의병이었다면, 우리 민족의 힘을 키워 일제를 물리치려고 했던 움직임도 있었단다. 이걸 '애국 계몽 운동'이라고 불러. 애국 계몽 운동가들은 학교를 세워서 민족정신과 민족의식을 키우고자 했지. 안창호와 이승훈은 평양과 정주에 각각 대성 학교와 오산 학교를 세우고 강연회나 책을 통해서 국민들을 계몽했단다.

아, 이거라면 일제도 함부로 방해할 수 없겠구나. 아무리 일제라고 해도 학교를 세우고 강연회를 여는 것까지 막을 수는 없을 테니

대성 학교 졸업 사진

까. 하지만 그렇지 않았어. 일제는 우리 민족의 힘을 키우기 위한 운동도 가만 놔두지 않았단다. 어떻게? 있지도 않은 사건을 조작했지. 1911년 일제는 조선 총독을 암살하려 했다는 혐의로 백 명이 넘는 독립운동가를 잡아들였는데, 이들 중 대다수는 신민회 사람들이었어. 신민회는 애국 계몽 운동가였던 안창호가 만든 독립운동 단체였고. 이렇게 일제는 조금이라도 우리 민족의 독립을 위해 노력하는 사람들을 가만히 두지 않았단다.

전시실 한쪽에 짚으로 만든 뾰족한 모자가 보이니? 이걸 '용수'라고 부르는데 체포한 독립운동가들을 다른 곳으로 데려갈 때 머리에 씌웠어. 일반인들에게 독립운동가의 얼굴을 보이지 않기 위해 사용했대. 이렇게 용수를 쓰고 끌려가면 앞을 제대로 볼 수 없기 때문에 더욱 불안해지기도 했단다.

용수를 지나서 몇 걸음만 더 가면 하얀 한복을 입은 여자가 태극기를 들고 앉아 있는 그림이 나와. 그 옆에는 '유관순 열사'라고 쓰여 있네. 겨우 18세의 나이로 3·1 운동에 앞장섰던 유관순 열사는 서대문형무소에서 모진 고문을 받다가 결국 목숨을 잃었단다.

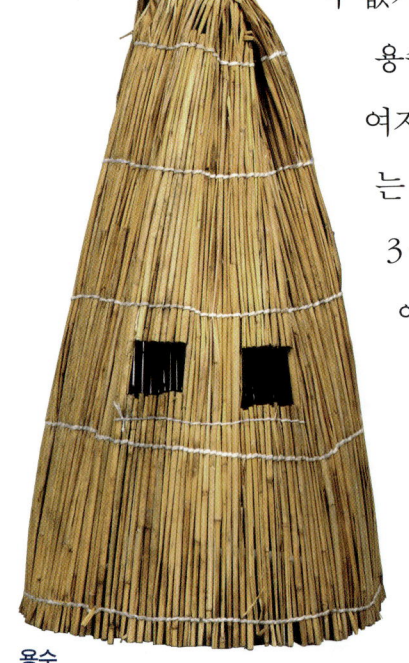

용수

서대문형무소에 수감되었던 유관순의 기록표

마침내 3·1 운동!

유관순 열사처럼 남녀노소를 가리지 않고 수많은 사람들이 3·1 운동에 참가해서 만세를 부르다 고통을 당했어. 그럼 3·1 운동이 일어나기 직전의 나라 밖 사정부터 살펴볼까?

📖 1918년에 제1차 세계 대전이 미국과 영국 중심의 연합국 승리로 끝났다. 승전국을 대표하는 미국은 독일을 비롯한 패전국이 차지하고 있던 식민지를 독립국으로 만들기 위하여 민족 자결주의를 새로운 원칙으로 내세웠다. 민족 자결주의는 당시 세계 여러 식민지의 독립운동가들에게 큰 희망을 주었다.

우선 제1차 세계 대전이 무엇인지 알아야겠네. 전에 서양 제국주의 국가들이 식민지를 더 많이 얻기 위해 싸웠다는 이야기를 했었지? 뒤늦게 식민지 확보에 뛰어든 러시아가 사사건건 영국, 프랑스와 부딪쳤다고 했잖아. 그래서 러시아는 위치가 가까운 조선을 노렸고, 결국 일본과 전쟁까지 벌이게 되었지. 제국주의 국가들끼리의 이러한 다툼은 결국 나라끼리 편을 갈라 전쟁을 벌이는 세계 대전으로 이어졌단다. 그런데 왜 1차냐고? 이후에 제2차 세계 대전이 벌어지거든. 여기에 대해서는 다음 시간에 자세히 설명해 줄게.

1914년에 시작된 제1차 세계 대전은 영국·프랑스·러시아가 중심을 이룬 연합국과 독일·오스트리아·헝가리 등이 힘을 모은 동맹국 사이에서 벌어졌어. 결국 4년 만에 연합국이 승리를 거두었지. 미국과 일본도 연합국의 일원이었단다.

전쟁이 끝난 뒤 1918년 미국의 윌슨 대통령은 민족 자결주의를 주장했어. 민족 자결주의란 이름 그대로 '자기 민족의 일은 스스로 결정해야 한다.'는 것이야. 이 소식을 들은 우리나라 사람들은 이제 우리 민족도 독립을 할 기회가 왔다고 생각했어. 미국은 제1차 세계 대전의 승전국이고, 세계적인 강대국이었으니까.

민족 자결주의의 소식을 먼저 들은 것은 일본에 있는 조선인 유학생들이었어. 아무래도 국제 뉴스는 조선보다 일본이 빨랐거든. 그래서 일본 유학생들이 1919년 2월 8일 조선의 독립을 선언했는데, 이것을 '2·8 독립 선언'이라고 불러. 일본의 조선인 유학생들이 독립을 선언했다는 소식이 전해지자 국내에서도 독립운동을 준비

하게 되었어. 드디어 3월 1일. 대한 독립 만세의 함성이 서울에서부터 울려 퍼지기 시작했어.

📖 1919년 3월 1일, 서울에서 각 종교계의 지도자들로 구성된 민족 대표 33인이 모여 독립 선언식을 가졌다. 그러나 이들 민족 대표들은 바로 일본 경찰에 잡혀갔다. 탑골 공원에서 이들을 기다리고 있던 수천 명의 학생과 시민들은 스스로 독립 선언서를 낭독하고 태극기를 흔들며 독립 만세 운동을 벌였다.

왜 하필 3월 1일이었을까? 고종 황제의 장례식이 3월에 예정되어 있어서 서울에 많은 사람들이 모여들었거든. 고종 황제는 한 달쯤 전에 갑작스럽게 세상을 떠났어. 사람들은 슬픔에 잠겼고, 일제에 대한 반감도 높아졌어. 그래서 수많은 사람들이 서울의 3·1 운동에 참여했을 뿐 아니라, 자기 고향으로 돌아가서도 또 다른 독립 운동을 일으켰단다.

이렇게 3·1 운동은 전국으로 퍼져 나갔을 뿐만 아니라 남녀노소를 가리지 않고 나섰고, 사회적으로 천대받던 사람까지 적극적으로 참여했어. 전주와 수원, 통영 지역에서는 기생들까지 만세 운동에 참여했으니까. 전국적으로 200만 명이 넘는 사람들이 시위에 참가했고, 4만 5천여 명이 검거되었으며 2만 명이 넘는 사람이 죽거나 다쳤어. 당시 우리나라 인구가 모두 3천만 명 정도였으니까 정말 어

대한 독립 만세! 만세! 만세!

마어마한 숫자야. 그뿐만 아니라 한반도를 넘어 만주, 연해주, 일본, 미국 등에 살고 있는 해외 동포들까지 독립 만세 시위를 벌였단다.

하지만 우리가 미처 알지 못한 것이 있었어. 민족 자결주의는 패전국의 식민지 민족한테만 해당된다는 사실. 미국이나 일본 같은 승전국의 식민지 민족은 독립 불가! 일제는 평화적인 시위를 벌이는 우리나라 사람들을 향해 총을 쏘면서 진압했어. 민족 자결주의를 외쳤던 미국은 우리의 독립을 도와주지 않았고.

그렇지만 3·1 운동은 우리나라를 넘어 중국과 인도에도 영향을 끼쳤어. 중국의 청년 학생들이 비폭력 시위를 벌인 5·4 운동이나 간디의 비폭력 저항 운동도 3·1 운동의 영향을 받은 것이란다.

다음 중 3·1 운동이 일어날 즈음의 상황을 설명한 것으로 틀린 것은?

① 일제는 전국에 헌병들을 풀어서 독립운동을 억압했다.
② 윌슨 대통령은 민족 자결주의를 통해 식민지 국가의 독립을 주장했다.
③ 일본에 있는 조선 유학생들이 2·8 독립 선언을 발표했다.
④ 대한민국 임시 정부가 3·1 운동을 계획했다.

정답 | ④번. 대한민국 임시 정부는 3·1 운동 이후에 만들어졌어.

대한민국 임시 정부가 태어나다

3·1 운동은 일제의 탄압으로 결국 실패했지만 우리 역사에 큰 발자취를 남겼어. 우선 일제의 통치 방식이 달라졌지. 헌병 경찰을 통해서 힘으로 찍어 누르던 일제의 지배는 한결 부드러운 방식으로 바뀌게 되었어. 헌병 경찰을 보통 경찰로 바꾸었고, 한글 신문과 잡지의 창간을 허락했지.『동아일보』와『조선일보』등이 이때 창간된 신문이야.

어라? 정말 일제가 반성한 것일까? 그럴 리가! 이건 경찰의 숫자가 세 배 이상 늘어났다는 것만 봐도 알 수 있어. 겉으로는 부드러워진 척하면서 속으로는 더욱 철저하게 통제한 거야. 한글 신문이나 잡지도 일제의 마음에 들지 않는 기사를 실으면 문을 닫게 만들었어. 한마디로 일제의 지배는 더욱 지능적으로 변했지.

하지만 뭐니 뭐니 해도 3·1 운동의 가장 중요한 성과는 '대한민

대한민국 임시 정부 인사들

국 임시 정부'가 태어난 거야(1919년). 임시 정부란 이름 그대로 임시로 만든 정부야. 식민지의 임시 정부는 보통 나라 바깥에 세워서 독립운동을 주도하다 광복 이후에는 정식 정부로 자리를 잡게 마련이었어. 대표적인 것이 제2차 세계 대전 당시 독일에 점령당한 프랑스의 임시 정부지. 드골 장군이 이끌던 프랑스 임시 정부는 영국에 자리를 잡고 프랑스 내의 저항 운동을 주도하다 독일이 패한 다음에는 프랑스의 정식 정부가 되었단다.

사실 3·1 운동 이전에도 우리나라에 임시 정부가 있었어. 그것도 하나가 아니라 여러 개. 나라를 빼앗기자 독립운동가들은 중국의 상하이와 러시아의 연해주 그리고 서울에 제각기 임시 정부를 만들었거든. 하지만 이렇게 여럿으로 나뉘어 있으니 힘을 하나로 모을 수가 없었어. 그래서 3·1 운동을 계기로 여러 임시 정부를 합쳐서 상하이에 '대한민국 임시 정부'를 만들었단다.

임시이기는 하지만 이제 우리도 우리를 대표하는 정부를 갖게 되었어. 더구나 대한 제국처럼 황제가 모든 권한을 갖는 것이 아니라 국민이 주인이 되는 민주주의 정부였지. 그럼 오늘은 서대문형무소역사관을 조금 더 둘러보는 것으로 수업을 마무리하자고.

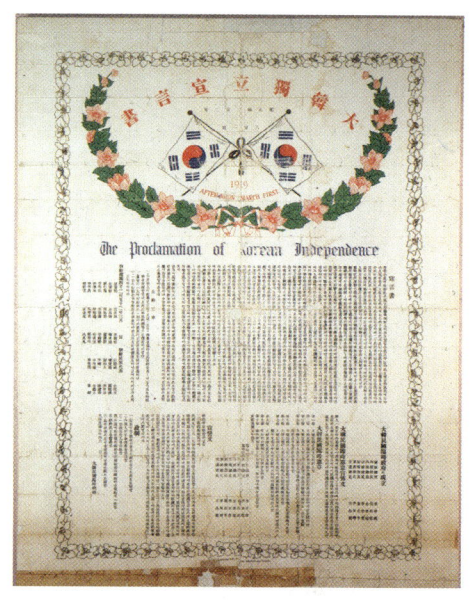

대한민국 임시 정부가 발행한 '대한독립선언서'

 **무단 통치, 문화 통치, 민족 말살 통치**

일제 강점기의 지배 정책의 변화는 '무단 통치 → 문화 통치 → 민족 말살 통치'라고 정리할 수 있어. 헌병 경찰을 동원해서 무력으로 누른 것이 무단 통치, 3·1 운동의 영향으로 겉으로는 부드러워졌지만 속으로는 더욱 악랄해진 문화 통치, 중일 전쟁과 태평양 전쟁 이후에 우리말과 우리글, 이름까지 없애려 했던 것이 민족 말살 통치야. 일제의 지배 방식이 바뀜에 따라 우리 민족도 다양한 방식으로 독립운동을 해 나갔단다.

 역사 현장 탐사

생생히 체험하는 일제의 만행, 서대문형무소역사관

서대문형무소역사전시관

    서대문형무소의 원래 이름은 '경성감옥'이었어. 일제 강점기에는 서울을 '경성'이라고 불렀거든. 1908년 실질적으로 한반도를 지배하게 된 일본이 저항 세력을 가두기 위해 지은 감옥이야. 이후 서대문감옥, 서대문형무소 등으로 이름이 바뀌었지. 일제 강점기 내내 조국의 독립을 위해 헌신했던 많은 분들이 여기서 감옥살이로 고생하고, 때로는 숨을 거두기도 했어. 특히 3·1 운동 직후에는 너무 많은 독립운동가들이 잡혀 와서 감옥이 좁을 지경이었지.

    광복 이후 서대문형무소는 서울형무소, 서울구치소 등으로 이름을 바꾸면서 여전히 교도소의 역할을 했어. 그러다 1987년, 서울구치소는 경기도 의왕시로 이전하고, 이곳은 '서대문형무소 역사관'으로 다시 태어나 독립운동의 역사를 한눈에 볼 수 있는 박물관이 되었단다.

수갑과 족쇄

감시 초소와 육중한 철문이 있는 옛 교도소 정문은 그대로 역사관의 정문이 되었어. 교도관이 근무하던 건물은 다양한 유물을 전시해 놓은 전시관이 되었고. 지하에는 고문실을 재현해 놓아 일제의 만행을 생생히 느낄 수 있단다. 당시 고문 도구였던 '벽관'도 볼 수 있어. 독립운동가들은 마치 관처럼 생긴 이곳에 갇힌 채 먹지도 자지도 못하는 고문을 당했지.

일제 강점기의 형무소 생활은 고달프기 그지없었어. 시시때때로 고문을 당했고, 힘든 일을 해야 했으며, 식사는 형편없었지. 그러니 젊고 건강한 사람이라도 교도소에서 죽는 일이 흔했단다. 형무소의 수감자들은 일반 사회에 있는 사람보다 더 많은 일을 해야 했어. 형무소에서는 그걸 '노역'이라 불렀지. 운동 시간은 하루에 딱 30분밖에 없었고, 수감자들은 절대 서로 대화를 나눌 수 없었어. 그리고 10평 정도 되는 방에 50명 가까이 수감되어 제대로 누울 수조차 없었지. 여름에는 각종 질병으로, 난방도 되지 않는 겨울이면 추위와 동상으로 많은 사람들이 옥중에서 죽었단다.

역사관의 가장 안쪽에는 옛날 서대문형무소의 사형장이 있어. 일제 강점기에는 수많은 독립운동가들이 이곳에서 형장의 이슬로 사라졌지. 사형장 왼쪽으로 보이는 나무는 '통곡의 미루나무'라고 불렸대. 사형수들이 사형장으로 들어가기 전, 이곳에 기대어 마지막으로 세상을 바라보았다는구나.

서대문형무소 12옥사 내부

:: 알아 두기 ::

가는 길 지하철 3호선 독립문역 5번 출구에서 걸어서 5분이면 도착해.

관람 소요 시간 전체를 모두 둘러보려면 2시간 이상은 잡아야 해.

휴관일 매주 월요일, 1월 1일, 설날, 추석.

추천 코스 서대문형무소역사전시관을 시작으로 중앙사와 옥사 등을 지나 사형장까지 본 후 다시 정문으로 나오면 끝!

11교시
3·1 운동 이후의 독립운동

> 3·1 운동은 역사에 길이 빛날 일이었지만, 결국 실패로 끝나고 말았어. 하지만 그 이후에 다양한 독립운동이 시작됐지. 대한민국 임시 정부를 만든 것도 그러한 노력의 하나였어. 또 어떤 사람들은 총칼로 일제와 싸웠고, 또 어떤 이들은 우리 민족의 문화를 지키려고 했고, 노동자와 농민은 일터에서 권리를 찾기 위해 노력하기도 했단다.

여기는 다시 독립기념관이야. 3·1 운동 이후의 독립운동을 살펴보기에는 이만한 장소가 없거든. 독립기념관은 이름 그대로 우리 민족의 독립 과정을 보여 주는 곳이니까 말이야.

3·1 운동은 전국 방방곡곡에서 남녀노소를 가리지 않고 참여한 운동이었지만, 식민지에서 벗어나려는 목표는 이루지 못했어. 무엇 때문일까? 3·1 운동이 비폭력 운동이었다는 점, 운동을 지도하는 조직이 없었다는 점, 일본이 제1차 세계 대전에서 승리했다는 점 등이 이유가 될 수 있을 거야. 그렇다고 3·1 운동이 헛된 희생만 치렀던 것은 아니었어. 3·1 운동을 계기로 우리 민족의 독립운동은 국내외에서 더욱 다양하게 펼쳐졌거든. 그럼 지금부터 우리 민족의 다양한 독립운동을 살펴보러 독립기념관 안으로 들어가 볼까?

총에는 총, 칼에는 칼! 무장 투쟁

우선 보아야 할 곳은 독립기념관의 '나라 되찾기' 전시관이야. 저기 바위 뒤에 숨어서 무기를 들고 있는 사람들의 모습이 보이니? 이들은 일제에 맞서 무장 투쟁을 벌였던 독립군들이야. 사실 무장 투쟁은 일제에 나라를 빼앗기기 이전부터 있었어. 지난 시간에 살펴보았던 의병들이 모두 무장 투쟁을 벌였으니까.

나라를 빼앗기자 국내의 무장 투쟁 세력은 한반도를 떠나 국경 근처 지역인 중국의 간도와 소련(1917년 러시아에서 혁명이 일어나고 나서 소련으로 나라 이름이 바뀜)의 연해주에 독립군 기지를 세우기 시작했단다. 일제의 헌병 경찰이 전국에 쫙 깔려서 아무래도 국내에서는 무장 투쟁이 어려워졌기 때문이었지. 국내에서는 먹고살기 힘

총칼로 일제를 몰아내는 것보다 확실하고 빠른 길이 어디 있을까?

무장 투쟁을 하는 독립군을 재현한 모형

들어 간도와 연해주로 이주한 동포들도 독립운동에 큰 힘을 보탰어. 특히 간도의 동포들은 돈을 모아 독립군을 키우는 군관 학교를 만들고 무기를 사들였단다. 그러던 중 3·1 운동의 열기를 이어받아 무장 투쟁은 더욱 활발해지게 되었어.

독립군 부대는 압록강과 두만강을 건너 국경 부근의 경찰서나 일본군을 공격하였다. 그리고 독립군을 쫓아 만주에 온 일본군을 크게 무찔러 우리 민족에게 독립에 대한 희망과 용기를 심어 주었다.

그리하여 1920년에는 우리 독립운동사에 빛나는 승리를 거두게 돼. 그게 바로 봉오동 전투와 청산리 대첩이야. 그럼 홍범도 장군의 봉오동 전투부터 자세히 알아보기로 할까?

봉오동 전투를 승리로 이끈 홍범도 장군도 원래는 의병이었어. 하지만 일제가 한반도를 완전히 차지한 이후에는 만주로 옮겨서 독립군을 이끌었지. 남의 나라에서 독립운동을 하느라 어려움이 컸지만 3·1 운동이 일어난 이후에 그의 활약은 더욱 활발해졌어.

그러던 1920년 6월, 홍범도 장군은 일제가 독립군의 근거지를 공격하기 위해 만주의 봉오동으로 처들어온다는 정보를 입수했어. 그래서 미리 기다리고 있다가 일본군을 먼저 공

거짓으로 패했다가 더 크게 승리하면 기쁨이 두 배!

홍범도

격했지. 하지만 곧 독립군들은 걸음아 날 살려라 도망가기 시작했어. 왜 그랬을까? 이게 바로 작전이었거든. 일본군은 거칠 것 없이 쫓아왔고, 이때 숨어 있던 독립군들이 공격해서 더 큰 승리를 거두었던 거야.

봉오동에서 패배한 일본군은 6만 5천여 명의 군사들을 보내 독립군을 공격했어. 이때 나선 것이 바로 김좌진 장군이야. 홍범도 장군도 힘을 보탰지. 김좌진 장군은 일본군을 계곡과 숲이 우거진 청산리로 유인해서는 크게 무찔렀어. 1920년 10월 6일부터 6일 동안 계속된 전투에서 일본군은 천여 명의 사상자를 내고는 후퇴하고 말았지.

청산리 대첩 기념사진

청산리 전투는 우리 민족이 독립 전쟁에서 거둔 승리 중 가장 커. 그래서 흔히 청산리 대첩이라고 부른단다. 대첩이란 살수 대첩이나 한산도 대첩처럼 큰 승리를 말하거든. 봉오동 전투나 청산리 대첩이 큰 승리라고는 하지만 일본한테서 나라를 되찾기에는 한참 부족한 것이 사실이야. 그래도 일본군을 상대로 승리를 거둔 것은 결코 작은 일이 아니었어. 이건 우리 민족 전체의 사기를 높여 주는 일이기도 했으니까 말이야.

윤봉길 의사, 중국 백만 대군이 못 한 일을 하다

하지만 독립군의 승리를 보고만 있을 일본이 아니었어. 패배에 대한 보복으로 간도에 살고 있는 우리나라 사람들을 눈에 띄는 대로 공격했단다. 조금 전에 말했듯 간도의 동포들이 독립운동에 큰 도움을 주고 있었거든. 몇 달 사이에 목숨을 잃은 사람만 수천 명이 넘었고, 만주의 독립군 세력 또한 크게 약화되었어.

일제의 압박을 피해 상당수의 독립군들이 소련의 연해주로 넘어갔는데, 여러 조직으로 나뉘어 있던 독립군이 한곳에 모이면서 갈등이 생겼어. 여기에 소련까지 끼어들어 갈등은 결국 무력 충돌로 이어졌지. 그 결과 수백 명의 독립군들이 죽고 말았어. 정말 어이없고 비극적인 일이 벌어진 거야.

그런데 독립운동 세력 간의 갈등은 드문 일이 아니었어. 일제의 탄압이 워낙 거세서 독립운동 세력들 간에 소통이 힘들었던 탓도 있었지. 또한 어떻게 해야 독립을 이룰 수 있는지에 대한 생각이 서로 달라서 갈등이 생기기도 했단다.

일제의 탄압에 우리 내부의 갈등까지 겹쳐서 독립운동은 점차 힘이 떨어졌어. 독립운동의 중심으로 출발했던 대한민국 임시 정부도 날이 갈수록 약해졌고. 그때, 어려움에 빠졌던 독립운동에 힘을 주는 사건이 일어났단다. 어떤 사건이냐고?

📖 1932년 1월, 일본의 도쿄에서는 일본 국왕이 탄 마차가 도로를 따라가고 있었다. 길옆의 군중 속에 있던 이봉창이 뛰쳐나와 마차를 향해 폭탄을 던졌다. 폭탄은 마차의 뒤편에 떨어져 큰 소리를 내며 폭발하였다. 그러나 그 위력이 일본 국왕에게까지는 미치지 못하였다.

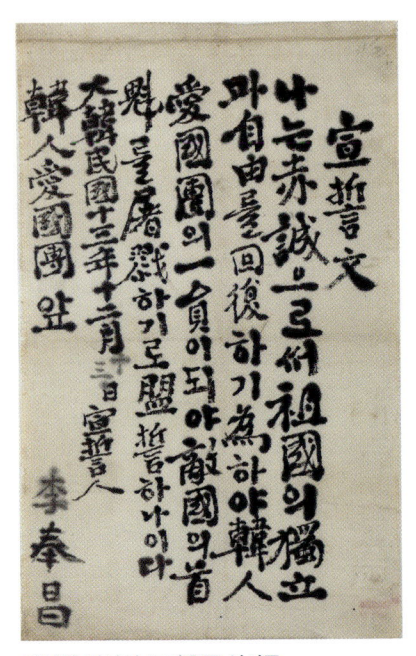

이봉창 의사의 독립운동 선서문

결과적으로 암살은 실패했고, 이봉창 의사는 사형당하고 말아. 하지만 이 일은 국내외 독립운동에 활력을 불어넣었단다. 독립기념관에는 이봉창 의사의 사진이 있어. 양손에 폭탄을 들고 활짝 웃고 있는 모습이야. 죽음을 바로 눈앞에 두고 있었는데도 말이지.

이봉창 의사 사진 옆으로 자그마한 방이 보이지? 그 안의 조금 높은 연단 위에 몇 사람들이 있고, 그 아래 한 사람이 무언가를 던지는 모습이 보이네. 그 주변으로는 많은 사람들이 둘러선 그

윤봉길 의사의 의거를 재현한 모형

림을 그려 놓았구나.

　혹시 이게 어떤 장면인지 아니? 이봉창 의사의 뒤를 이어 윤봉길 의사가 침략에 앞장선 일본인들에게 폭탄을 던지는 장면이야. 그 유명한 도시락 폭탄 말이야. 그런데 윤봉길 의사가 던진 것은 도시락 폭탄이 아니고 물통 모양의 폭탄이었대. 그걸 던지고 다시 도시락 폭탄을 꺼내 드는 순간 일제 군인들에게 잡히고 말았다는구나. 이 사건으로 일본군 최고 사령관을 비롯해 일본군의 주요 인물들이 죽거나 다쳤어.

　이 소식을 들은 중국의 지도자 장제스는 "중국의 백만 대군도 해내지 못한 일을 한국의 용사가 해냈다."라고 하며 감동했단다. 당시 중국도 일본의 침략 때문에 고생을 하고 있었으니까. 그러고는 대한민국 임시 정부를 적극적으로 지원하기 시작했지. 이봉창과 윤봉길 의사의 뒤에는 임시 정부의 최고 지도자였던 백범 김구가 있었거든. 이봉창 의사를 일본으로 보낸 것도, 윤봉길 의사에게 물통 폭탄을 마련해 준 것도 모두 김구였어. 이봉창과 윤봉길 의사는 김구가 만든 한인 애국단의 단원이었지. 덕분에 독립운동이 활력을 되찾을 수 있게 되었단다.

학생도 농민도 노동자도 한뜻으로

이렇게 해외에서 독립운동이 활발하게 진행되는 동안 국내에서는 일제의 탄압이 더욱더 심해지고 있었어. 그런 탓에 국내에서는 독립운동을 하기가 어려웠지. 그렇다고 국내에 있던 사람들이 가만히 있었던 건 아니야. 학생과 농민, 노동자 등 직업을 가리지 않고 많은 사람들이 어려운 상황에서도 일제에 대항하는 항일 운동에 뛰어들었단다.

윤봉길 의사 전시물에서 조금 더 가면 검은색 교복을 입은 학생들이 몽둥이를 들고 싸우는 모습이 보여. 이게 바로 광주에서 일어난 학생 운동을 보여 주는 전시물이야. 3·1 운동 이후 규모가 가장 컸던 광주 학생 항일 운동(1929년)은 작은 일에서 시작되었단다. 어느 날 등굣길에 일본 학생이 조선인 여학생을 괴롭혔어. 이 모습을 본 조선인 학생들과 일본인 학생들 사이에 시비가 붙어 싸움이 일어났는데, 경찰이 일방적으로 일본인 학생을 편든 거야. 학생들끼

광주 학생 항일 운동을 재현한 모형

리의 싸움은 어느새 민족 차별에 저항하는 항일 운동이 되었지. 그리하여 수만 명의 학생이 참여하는 대규모 운동으로 발전했단다.

광주 학생 운동 전시물 옆에 커다란 그림 하나가 있어. 여러 농민들이 화를 내고 있고, 그 앞에는 일본 순사들이 도망치고 있네. 농민들 옆에는 쌀가마니들이 쌓여 있고. 딱 보니 어떤 내용인지 알겠지? 맞아, 일본이 쌀을 강제로 거둬 가는 바람에 농민들이 잔뜩 화가 난 거야. 더구나 토지 조사 사업으로 인해 농민들은 땅을 빼앗기기도 했고 더욱 나쁜 조건에서 농사짓기도 했어. 지주의 땅을 빌려 농사짓던 농민들은 해마다 소작료를 올려 주어야 했거든. 게다가 각종 세금까지 농민들의 몫이었으니 보릿고개가 생길 수밖에. 참다못한 농민들은 단체를 만들어 조선 총독부와 일본인 지주들에게 저항했던 거야.

　농민들의 생활만 힘들었던 게 아니야. 도시에서 일하는 노동자들의 생활도 힘들었어. 조선인 노동자의 임금은 일본인의 절반도 되지 않았거든. 그래서 노동자들은 노동조합을 만들고 일본 기업과 조선 총독부를 상대로 싸움을 벌였단다. 1929년에 원산에서 일어난 총파업은 4개월 동안이나 계속되었는데, 원산 시민들의 3분의 1이 참가했고 세계 각지의 노동자들에게 격려와 후원을 받았어.

　농민과 노동자의 투쟁을 주도한 것은 사회주의 세력이었어. 당시 독립운동은 민족주의와 사회주의 두 세력으로 나뉘어 있었단다. 둘 다 조선의 독립을 위해 일제와 싸웠지만 무엇을 더 중요하게 여기는가 하는 점이 달랐지. 민족주의 세력이 일제에 탄압받는 우리 민족의 독립을 우선시했다면 사회주의 세력은 일제에 수탈당하는 노동자와 농민의 권리를 지키는 데 더 큰 힘을 쏟았어. 원래 사회주

사상이란 노동자와 농민의 권리를 지키기 위한 것이었으니까. 김구가 이끌던 대한민국 임시 정부가 민족주의 독립운동을 대표했다면 농민과 노동자 투쟁은 사회주의 독립운동의 중심이었단다.

 **국내 침투를 준비한 한국광복군**

대한민국 임시 정부는 1940년 정식 군대인 한국광복군을 창설했어. 조금 전에 윤봉길 의사의 활약에 감동받은 중국의 지도자 장제스가 임시 정부를 적극적으로 도왔다고 했잖아? 임시 정부는 중국의 도움으로 광복군을 만들 수 있었어. 광복군은 비록 몇백 명에 불과했지만 중국과 함께 일본에 맞서 싸우기도 하고, 영국군의 요청으로 인도, 미얀마 전선에 파견되기도 했어. 미군과 함께 한반도에 침투하여 일제를 물리치려는 계획도 세웠지. 그런데 이 계획은 광복군이 국내에 침투하기 전에 일본이 항복해 버려 목적을 달성하지 못하고 말았단다.

한국광복군 창설 기념사진

민족의 혼을 지켜라!

윤봉길 의사가 폭탄을 던지는 장면에서 조금 더 안쪽으로 들어가면, 또 다른 장면이 재현되어 있어. 어떤 사람이 책상 위에 두툼한 원고지 뭉치를 두고 무엇인가를 쓰고 있는데 일본 헌병이 갑자기 들이닥친 장면이야. 아래 안내판을 보니 '조선어학회 회원들이 『조선말 큰사전』을 편찬하기 위해 원고를 작성하던 중 일본 경찰에게 발각되는 장면'이라고 적혀 있네. 1942년 일제가 조선어학회 회원들을 검거해 재판에 넘긴 사건을 '조선어학회 사건'이라고 해.

이처럼 일제 강점기에는 우리말 사전을 만드는 일마저도 일제의 탄압을 받았단다. 왜냐하면 일제는 우리말과 글까지도 빼앗으려고 했거든. 여기에 맞서 우리말과 글을 지키는 것 또한 독립운동이었던 거야.

조선어학회 사건을 재현한 모형

일제는 우리나라를 오랫동안 식민지로 지배하기 위하여 '일본과 조선은 하나'라고 교육하기 시작하였다. 학교에서는 일본어만 사용해야 하였고, 이름도 일본식으로 바꾸게 하였다.

역사학자들도 우리 역사를 올바로 기록하기 위해 노력했어. 아까 들어온 전시관 입구에 있던 책을 혹시 봤니? 제목이 한자로 쓰여 있어 휙 지나갔을지도 모르겠네. 그 책은 『한국 통사』야. 통사(痛史)란 비통한 역사, 즉 슬프고 아픈 역사라는 뜻이야. 역사학자이자 독립운동가였던 박은식이 1915년에 펴낸 우리 역사책으로 일본의 침략 과정을 상세히 설명해 놓았지. 역사학자이자 독립운동가인 신채호는 을지문덕과 이순신 같은 우리 민족 영웅들에 대한 책을 써서 사람들에게 독립에 대한 의지를 심어 주려고 했어.

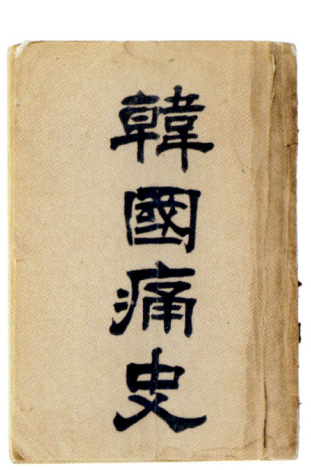

『한국 통사』

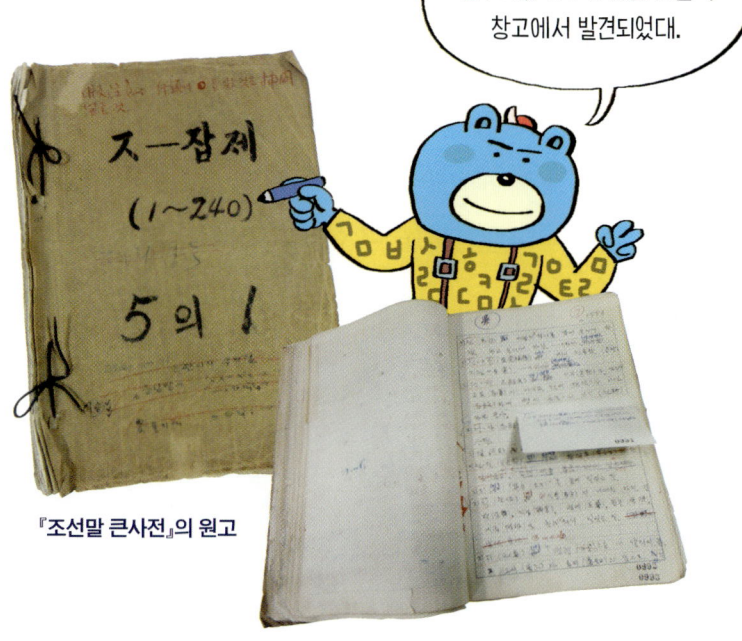

『조선말 큰사전』의 원고

이 원고는 일본 경찰에 압수되었다가 1945년 서울역 창고에서 발견되었대.

『한국 통사』 옆의 벽에 시가 한 편 적혀 있어. 시인 심훈이 지은 「그날이 오면」이라는 시야. 같이 한번 읽어 볼까?

그날이 오면 그날이 오며는
삼각산이 일어나 더덩실 춤이라도 추고
한강물이 뒤집혀 용솟음칠 그날이,
이 목숨이 끊기기 전에 와 주기만 할 양이면,
나는 밤하늘에 날으는 까마귀와 같이
종로의 인경을 머리로 들이받아 울리오리다.
두개골은 깨어져 산산조각이 나도
기뻐서 죽사오매 오히려 무슨 한이 남으오리까.

여기서 인경이란 조선 시대 때 시간을 알리던 종을 가리켜. 광복의 날이 온다면 자기 머리로라도 종을 울려 이 기쁜 소식을 알리겠다는 시인의 마음을 담은 거야. 하지만 아쉽게도 그날이 오기까지 우리 민족은 더 많은 고통을 겪어야 했어. 이건 다음 시간에 더 자세히 이야기해 줄게. 아, 그리고 다음 수업은 수요일에 할 거야. 왜냐고? 와 보면 알아. 그럼 다음 시간까지 안녕!

교과서에 안 나오는 이야기

가상 인터뷰! 을밀대에 올라간 여성 노동자 강주룡

1931년 5월 28일. 한 여성 노동자가 평양에 있는 높은 누각인 을밀대 위로 올라갔어. 그녀의 이름은 강주룡. 회사가 임금을 깎고 노동자를 해고한 것에 항의해서 시위를 벌인 거야. 그때 만약 기자가 찾아갔다면 이런 대화를 나누지 않았을까?

이렇게 높은 곳까지 올라온 이유가 무엇이죠?

사실 저는 이곳에 죽으려고 올라왔습니다. 죽음으로 저희의 억울함을 호소하고 싶었어요. 하지만 이곳에 올라오니 저를 보러 사람들이 몰려들더군요. 그래서 죽는 대신 제 억울한 사정을 사람들에게 직접 알리기로 했습니다.

무엇이 억울한가요?

저는 고무 공장에서 일하는 노동자입니다. 얼마 전 회사에서 경기가 안 좋다면서 임금을 깎고 근무 시간은 마음대로 연장했어요. 저랑 동료들은 이에 항의해서 파업과 단식을 했습니다. 그랬더니 회사는 우리를 해고하고 순사들을 불러 공장에서 내쫓았습니다.

회사 사정이 안 좋으면 임금을 깎을 수도 있는 것 아닌가요?

조선인 남성 노동자는 일본인 임금의 절반을 받고, 여성은 다시 그 절반을 받습니다. 그러면서도 하루 15시간씩 일해요. 여기서 임금을 더 깎고 노동 시간을 늘리면 저희는 살 수가 없습니다.

회사에 요구하는 것이 무엇입니까?

저는 독립군이었던 남편이 죽어서 혼자 가족을 먹여 살리고 있습니다. 저희 가족이 살아가려면 임금을 더 깎아서는 안 됩니다. 아니, 우리 조선 여성들도 일본인과 같은 임금을 받아야 합니다.

12교시
전쟁은 일본이, 고통은 우리가

> 1930년대가 되면서 일제의 지배는 더욱 가혹해지기 시작해. 이 무렵 일제는 중국과 전쟁을 벌이기 시작했고, 집 안의 숟가락 하나까지 전쟁 물자로 빼앗아 갔어. 물건뿐 아냐. 사람들도 마구잡이로 끌고 가서 강제로 일을 시키거나, 전쟁터의 군인으로 목숨을 잃게 했단다. 전쟁은 일본이 일으켰는데 고통은 고스란히 우리 몫이 된 거지.

모두 모였니? 오늘은 수요일, 다행히 날씨도 맑네. 굳이 수요일에 보자고 한 것은 바로 이곳에 오기 위해서였어. 서울 종로의 주한 일본 대사관 앞. 매주 수요일 이곳에서는 '일본군 위안부' 할머니들과 시민들이 모여 일본의 사죄와 보상을 요구하는 시위를 벌여. 1992년 1월에 시작해서 지금까지 20여 년 넘게 한 주도 안 빠지고 열리고 있어. 세계에서 가장 오래 지속된 시위로 기네스북에까지 올랐다는구나. 하지만 일본은 여전히 보상은커녕 공식적인 사과 한마디 안 하고 있어. 아니, 오히려 자신들은 그런 범죄 행위를 저지른 적이 없다고 발뺌하는 중이지.

그런데 일본군 위안부가 대체 뭐냐고? 그래, 한두 번 들어 보기는 했어도 정확히 모르는 친구들이 많을 거야. 일본군 위안부는 일본

군대에 강제로 끌려간 젊은 여성들이란다. 일제 강점기 막바지에 일본이 전쟁을 하면서 우리나라의 젊은 여성들을 강제로 잡아다가 일본 군인들의 성적 욕구를 해소하도록 했어. 그러니까 '위안부'라는 말보다는 '성 노예'가 더 정확한 표현인 거야.

더욱 큰 문제는 일제가 어린 소녀들도 위안부로 끌고 갔다는 사실이야. 저기 시위하는 사람들 앞에 소녀상이 보이지? 한복을 곱게 입은 단발머리 소녀가 바로 당시 위안부로 끌려가던 여성의 모습이었단다. 소녀상은 이러한 일제의 범죄를 잊기 않기 위해서 시민들이 세워 놓은 거야. 그런데 이것과 똑같은 소녀상이 있는 곳이 또 있어. 위안부 할머니들을 돕고 있는 시민 단체가 운영하는 '전쟁과 여성인권박물관'. 여기에는 소녀상뿐 아니라 많은 자료와 전시물을 통해 일제의 범죄를 생생히 증언하고 있지.

또 한 번의 세계 대전이 일어나다

자, 그럼 수업 장소를 '전쟁과여성인권박물관'으로 옮겨 볼까? 박물관은 서울 성산동 골목길 끄트머리에 자리 잡은 아담한 이층집이야. 입구에 들어서니 전시관으로 이어지는 바깥 통로 벽에 걸린 그림(「끌려감」)이 보이네. 흰 저고리에 검정 치마를 입은 소녀를 억센 남자의 손이 끌고 가는 그림 말이야. 이건 젊었을 때 위안부로 끌려가 피해를 당한 할머니가 직접 그린 거란다.

그런데 일제는 왜 이렇게 잔인한 범죄를 저지른 걸까? 사과와 보

김순덕 할머니의 「끌려감」

상만 받으면 되지 그 이유까지 알 필요가 있겠느냐고? 그렇지 않아. 당시 일본이 왜 그런 범죄를 저질렀고, 우리는 왜 당할 수밖에 없었는지 그 이유를 정확히 알아야 해. 그래야 앞으로 이런 비극적인 역사를 또 겪지 않을 수 있으니까. 이것이 우리가 역사를 배우는 이유이기도 하단다.

일본이 위안부를 끌고 간 곳은 전쟁터였어. 당시 일본은 태평양 곳곳에서 전 세계를 상대로 전쟁을 벌이고 있었거든. 일본뿐이 아니야. 독일과 이탈리아도 여러 나라를 침략해 전쟁을 일으켰지. 이게 바로 제2차 세계 대전이었어. 제국주의 국가들은 서로 더 많은 식민지를 차지하기 위해서 두 번에 걸쳐 세계 대전을 일으켰지. 그런데 제국주의 국가들은 편을 갈라서 전쟁을 치렀어. 이번에는 독일·일본·이탈리아가 한편을 이루고, 영국·미국·프랑스 등이 한편을 이루었지.

숟가락에 요강까지 싹싹 긁어라

제2차 세계 대전에 뛰어든 일본은 식민지 조선을 더욱 쥐어짜기 시작했어. 전 세계를 상대로 전쟁을 하려면 엄청난 물자가 필요하니 쌀 한 톨까지 모두 빼앗아 갔어. 쌀만 빼앗아 간 게 아니야. 무기를 만들기 위해서 학교 철문, 교회의 종, 가마솥, 놋그릇, 숟가락 등 금속으로 만든 것은 무엇이든 가져갔단다. 남의 집 숟가락까지 가

▶ 농산물을 일제에 바칠 것을 홍보하는 포스터

져가다니, 정말 어이가 없군. 심지어 이동식 변기로 쓰였던 요강까지 빼앗아 갔어. 그럼 밥은 어떻게 먹고 볼일은 또 어떻게 보나? 일제가 가져간 것은 물건만이 아니었어.

> 일제는 침략 전쟁이 어려워지자 우리나라의 청년들을 전쟁터의 총알받이로 이용하였다. 수십 만의 청년들이 강제로 전쟁터로 끌려가 목숨을 잃었다. 징용 노동자들은 탄광이나 공장에 강제로 끌려가 일을 하였지만 굶주림과 병, 심한 노동에 시달렸다.

청년들과 함께 전쟁터로 보내져 일본군에게 많은 고통을 당한 여성들이 바로 위안부였어. 전쟁과여성인권박물관에서는 위안부 여성들이 당한 고통을 생생하게 살펴볼 수 있단다. 그럼 이쯤에서 박물관을 좀 더 둘러보기로 할까?

그림이 있던 통로를 지나 박물관 안으로 들어가면 아까 일본 대사관 앞에서 보았던 소녀상이 있어. 그리고 그 옆에는 위안부 할머니들의 사진과 그분들이 겪었던 일들이 기록된 전시물들이 있고. 그런데 위안부 할머니들 중에 파란 눈의 백인과 동남아시아 분들도 있네? 그래. 일제는 우리나라뿐 아니라 다른 지역의 여성들도 일본군 위안부로 끌고 갔단다.

전쟁이 벌어지면 가장 큰 고통을 당하는 사람들은 여성 같은 약한 사람들이야. 이건 어느 나라나 마찬가지지. 그래서 이곳의 이름이 전쟁과여성인권박물관인 거야.

우리의 말과 글, 이름까지 빼앗기다

할머니들의 전시물을 지나면 벽에 붙은 커다란 지도가 보여. 일제가 일본군 위안소를 만들었던 지역을 표시한 지도야. 중국부터 베트남, 필리핀, 인도네시아까지 정말 태평양을 빙 둘러서 없는 곳이 없구나. 이곳들은 모두 일본이 전쟁을 벌였던 지역이란다. 일본은 1941년부터 1945년까지 미국을 중심으로 한 연합국과 '태평양 전쟁'을 벌였어.

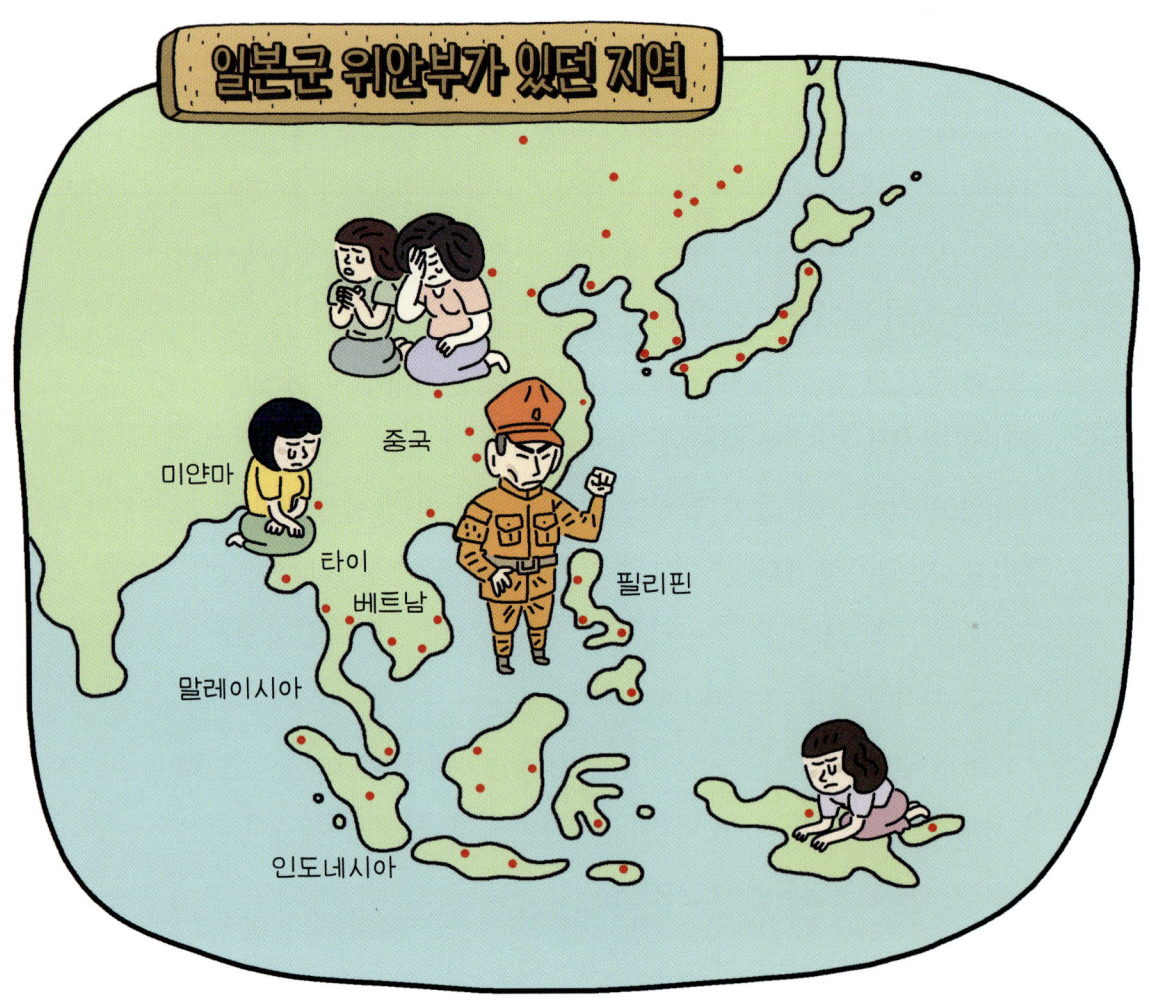

이렇게 많은 지역에서 동시에 전쟁을 벌였으니 전쟁에 필요한 물자가 어마어마하게 많을 수밖에. 그래서 숟가락 하나까지 빼앗아 갔던 것이로구나. 이렇게 물자뿐 아니라 우리나라 사람까지 전쟁에 끌어들이면서, 일제는 '일본과 조선인은 하나'라고 선전하기 시작했어. 그러면서 지난 시간에 살펴본 대로 우리말과 글 대신 일본 말과 글을 쓰도록 강요했지. 왜 이런 짓을 했을까? 이유는 간단해. 이렇게 해서 조선인을 완전히 일본인으로 만들어야 전쟁터에서 딴 마음을 먹지 않을 테니까. 만약 조선에서 끌고 간 군인들이 반란이라도 일으킨다면 큰일이잖아? 그래서 아침마다 학교에서 일본 왕이 있는 곳을 향해 고개를 숙이고, 충성을 다짐하는 맹세를 하게 했단다. 이 맹세를 '황국 신민 서사'라고 해.

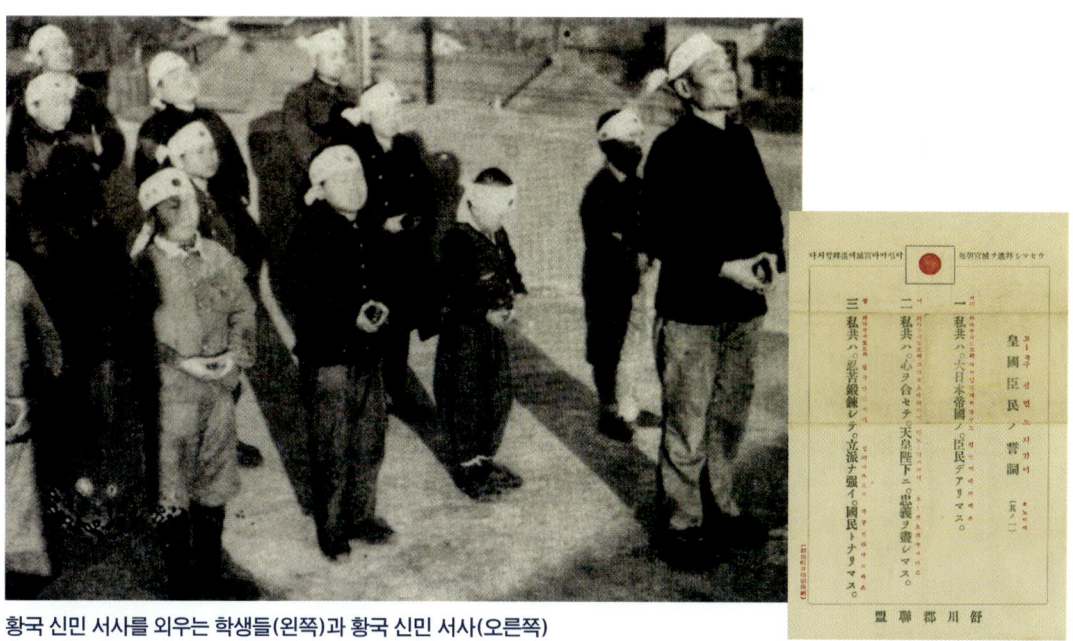

황국 신민 서사를 외우는 학생들(왼쪽)과 황국 신민 서사(오른쪽)

일제는 조상 대대로 써 오던 우리의 성과 이름까지도 일본식으로 바꾸게 했어. 이걸 '창씨개명'이라고 하는데, 글자 그대로 '성을 만들고 이름을 바꾼다.'는 뜻이야. 이렇게 하지 않으면 학교에 들어갈 수도 없고, 총독부 같은 기관에 취직할 수도 없었어. 또한 학교에서는 창씨개명을 하지 않은 학생들을 이유 없이 괴롭히기도 했지. 이렇게 우리말과 우리글, 이름까지 없앴던 일제의 악랄한 지배를 '민족 말살 정책'이라고 부른단다.

살기 위해 나라를 떠난 사람들

이토록 심해진 일제의 수탈과 탄압을 견디지 못하고 많은 사람들이 우리나라를 떠났어.

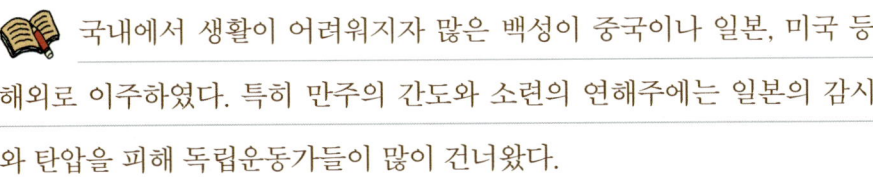

국내에서 생활이 어려워지자 많은 백성이 중국이나 일본, 미국 등 해외로 이주하였다. 특히 만주의 간도와 소련의 연해주에는 일본의 감시와 탄압을 피해 독립운동가들이 많이 건너왔다.

하지만 이렇게 떠난 사람들은 많은 고통을 당해야 했어. 내 나라가 없으니 남의 나라에서 어려움을 당해도 어디 하소연할 곳도 없었지. 1923년, 일본의 간토(관동) 지방에서 큰 지진이 일어났을 때는 수천 명의 조선인들이 학살을 당하는 사건(관동 대학살)도 벌어졌단다. 지진이 났는데, 왜 조선인들을 죽였느냐고? 일본 정부가 '조

선인들이 불을 지르고 우물 안에 독을 넣었다.'라며 거짓 소문을 퍼뜨렸거든. 그래서 흥분한 일본인들이 조선 사람들을 닥치는 대로 살해했던 거야.

그렇다면 일본 정부는 왜 이런 헛소문을 퍼뜨렸을까? 간토 대지진은 수십 만 명이 죽을 정도로 큰 재난이었어. 사회가 혼란하고 민심이 흉흉해졌지. 자칫하면 폭동이라도 일어날 판이라, 사람들의 불만을 해소할 희생양이 필요했던 거야.

한반도와 가까운 소련의 연해주로 이주한 조선인들도 황당한 일을 겪었어. 1937년 어느 날, 조선인들은 잘 살고 있던 연해주에서

갑자기 모두 기차에 올라타라는 명령을 받았어. 어디로 가는지도 모르는 이동이 한 달 가까이 계속되었지. 심지어 기차 안에는 화장실도 없었다는구나. 이렇게 도착한 곳은 연해주에서 8천 킬로미터나 떨어진 중앙아시아였어. 여기서 우리 동포들을 기다리고 있는 것은 허허벌판뿐이었지. 수많은 사람들이 굶주림과 추위, 질병 때문에 목숨을 잃었어.

그런데 왜 이러한 일이 벌어졌을까? 당시 소련은 일본과 전쟁을 벌이고 있었어. 그런데 소련 지도부는 일본인이 연해주를 침략하면 거기에 살고 있는 조선인들이 일본의 편을 들 거라고 생각했대.

하지만 이것은 잘못된 판단이었지. 일제의 탄압을 피해 연해주로 이주한 조선인들이 왜 일본 편을 들겠어? 정말 어처구니없는 이유로 말도 안 되는 일이 벌어진 거야. 이런 모진 상황 속에서도 조선인들은 살아남아 지금도 중앙아시아 지역에서 살아가고 있단다.

　오늘 수업 시간에는 가슴 아픈 이야기가 많았네. 일본이 어떻게 우리를 못살게 굴었는지에 대한 이야기가 대부분이었으니 말이야. 하지만 지난 시간에 살펴본 대로 우리는 일제의 탄압에도 끈질기게 저항하며 독립운동을 계속해 나갔어. 그리고 1945년 8월 15일, 마침내 우리 민족은 광복을 맞이하게 되었단다. 이제 우리 민족의 역사는 '불행 끝, 행복 시작'일까? 아쉽게도 역사는 그렇게 흘러가지 않았어. 광복의 기쁨도 잠시, 더 큰 혼란과 불행이 많은 사람들을 기다리고 있었거든. 그래도 우리 민족은 그 힘든 시간을 지나 오늘의 역사를 만들었어. 광복 이후의 역사에 대해서는 마지막 6권에서 자세히 알아보도록 하자.

> 다음 중 일제 강점기 때 일본이 저지른 일이 아닌 것은?
>
> ① 우리나라 사람의 성과 이름을 일본식으로 바꾸게 했다.
> ② 간토 대지진 때 일본에 사는 조선인을 학살했다.
> ③ 연해주에 살고 있던 조선인들을 중앙아시아로 이주시켰다.
> ④ 조선인 여성들을 강제로 끌고 가 일본군의 성 노예로 삼았다.

정답 | ③번. ③번은 일본이 아니라 소련이 한 짓이야.

전쟁과 폭력 없는 세상을 위해! 전쟁과여성인권박물관

계단에 전시된 '호소의 벽'

　보통의 박물관은 지나간 역사를 다루지만, 지금도 계속되는 역사를 보여 주는 박물관도 있어. 일본군 위안부 문제를 다루고 있는 전쟁과여성인권박물관이 그런 곳이야. 일본군 위안부 문제는 일제 강점기에 벌어진 일이지만, 여전히 해결되지 않고 이어지고 있으니까. 아직도 일본은 책임을 인정하지 않고, 피해자들은 제대로 된 사죄와 보상을 받지 못했어. 이 문제를 해결하기 위해서라도 우리는 일본군 위안부 할머니들의 역사를 잊지 말아야 해.
　아담한 박물관 문을 열고 전시실로 들어가는 짧은 길에는 자갈들이 깔려 있어. 그 옆 벽에는 일본군 위안부 할머니들의 얼굴과 손을 석고상으로 만들어 붙여 놓았고. 울퉁불퉁 자갈길을 걸으면서 할머니들의 석고상을 보니 그분들의 아픔이 전해지는 것 같아. 벽에는 할머니들이 직접 그린 그림들이 걸려 있단다. 아까 수업 시간에 잠깐 보았던 「끌려감」 같은 그림들이 말이야. 자갈길을 지나면 일본군 위안부 할머니들의 증언 영상을 볼 수 있는 작은 방이 나와. 여기서 2층으로 이어지는 계단에는 자신과 같은 일을 다시 겪지 않기를 바라는

전시관으로 이어지는 자갈길(왼쪽)과 추모관(오른쪽)

일본군 위안부 할머니들의 호소와 희망의 목소리가 메아리친단다.

  2층의 전시실은 일본군 위안부의 진실을 알 수 있는 '역사관'부터 시작해. 일본군 위안소가 어디에 있었는지, 어떻게 운영되었는지, 그 안에서 피해자들은 어떠한 고통을 당했는지 한눈에 볼 수 있어. 역사관 맞은편의 '생애관'은 피해자들의 삶을 보고 들을 수 있는 곳이야. 우리나라뿐 아니라 동남아시아와 유럽 여성들까지 전 세계 위안부 피해자들의 생생한 목소리를 통해 일본군 위안부의 실상을 확인할 수 있어. 역사관 옆의 자그마한 테라스는 '추모관'으로 꾸며져 있어. 이미 세상을 떠난 위안부 할머니들을 추모하는 공간이지.

  위안부 문제가 여전히 해결되지 않고 있다는 사실은 '운동사관'에서 느낄 수 있어. 지금도 매주 수요일이면 어김없이 벌어지는 수요 집회뿐 아니라 법정 투쟁 그리고 국제 활동의 기록들을 자세히 볼 수 있단다. 박물관 근처에는 지금도 위안부 문제 해결을 위해서 노력하고 있는 시민 단체인 '한국정신대문제대책협의회' 사무실까지 있으니, 일본군 위안부 문제가 현재 진행형이라는 사실을 확실히 느낄 수 있어.

:: 알아 두기 ::

가는 길   지하철 2호선 홍대입구역 2번 출구로 나와서 마을버스를 타고 경성고교 사거리에서 내리면 걸어서 2분이야.

관람 소요 시간   아담한 크기여서 30분 정도면 충분해.

휴관일   매주 월요일, 일요일, 1월 1일, 설날, 추석, 성탄절.

추천 코스   자갈길을 걸은 후 지하 전시관을 보고, 2층 전시관을 본 후 1층 전시관을 보면 돼.

찾아보기

ㄱ

간디 187
간토 대지진 218, 219
갑신정변 77~81, 113
갑오개혁 98~100, 107
강주룡 209
강화도 조약 22, 59~63, 68, 98, 132, 159, 174
개화사상 68
개화파 58, 68, 69, 71, 76~82
건청궁 108, 109, 122, 123
경복궁 중건 35, 41
경인선 119, 164
고종 24, 25, 29, 30, 32, 34, 35, 40~45, 58, 60, 68, 71, 72, 79, 105, 106, 109~111, 114~117, 120, 121, 123, 125, 127, 131, 135, 138, 144, 148~153, 155, 185
광무 117
광성보 46, 53~56, 59
광주 학생 항일 운동 202, 203
국권 24, 25, 154, 178, 180
국권 피탈 154
「그날이 오면」 208
근대 국가 21, 22, 24, 25, 80, 98
근대화 76, 77, 117, 118, 120, 121, 123, 125, 128, 131, 132, 135, 139, 143, 170
김구 202
김옥균 77, 79, 80
김좌진 198

「끌려감」 212, 213, 222

ㄴ

나석주 168
남연군 묘 도굴 사건 57
녹두 장군 → 전봉준

ㄷ

당백전 35
대성 학교 181
대한 제국 24, 25, 42, 104, 105, 106, 113, 114, 117~121, 127, 131, 132, 135, 144~146, 148, 149, 152, 153, 154, 170, 178, 180, 191
대한민국 임시 정부 27, 189~191, 195, 200, 202, 205
독립문 113, 114
독립 협회 112~114, 135
독립신문 112, 113, 119
동양 척식 주식회사 160, 161, 168, 169, 173~175
동학 농민 운동 84~101, 107

ㄹ

러일 전쟁 147
러시아 공사관 111, 114~117, 120, 131

ㅁ

만국 평화 회의 121, 148~150, 157
만민 공동회 112, 113, 155
명성 황후 41~45, 71, 72, 105, 107~110, 123, 179

명성 황후 시해 사건 109~111, 179, 180
모던 걸 137
모던 보이 137
무단 통치 191
무장 투쟁 196, 197
문화 통치 191
민영환 148
민족 대표 33인 185
민족 말살 통치 191
민족 말살 정책 218
민족 자결주의 183, 184, 187

ㅂ

박영효 80
박은식 207
배재 학당 115, 133~136, 138, 139
별기군 69~71
병인박해 50, 51
병인양요 50~52, 54, 57, 59, 73
보릿고개 162, 171, 172, 203
보빙사절단 68, 82
봉오동 전투 197~199

ㅅ

사발통문 88~90
산미 증식 계획 162, 163, 172
산업 혁명 37, 38, 52, 74, 75, 86
삼국 간섭 146, 147
3·1 운동 27, 177, 182, 183, 185~192, 195, 197, 202
서대문형무소 25, 176~179, 182, 183, 192, 193
서재필 23, 77, 113, 135, 139
세도 정치 15, 16, 20, 21, 29, 33~35, 41, 87, 161

쇄국 정책 57, 60
순종 115, 121, 152, 154
신미양요 50, 54~57, 59, 73
신민회 182
신채호 207
심훈 208

ㅇ

아관 파천 111
아펜젤러 138, 139
아편 전쟁 39
안동 김씨 21, 33, 34
안중근 145, 153, 180
안창호 180, 182
애국 계몽 운동 181, 182
어재연 55, 56
에디슨 123, 124
영은문 114
5·4 운동 187
외규장각 51
우금치 전투 92, 95, 96
우정총국 66~68, 78, 82, 83
운요호 사건 59
운현궁 28~31, 34, 41~45
원산 총파업 204
원산 학사 132
위안부 → 일본군 위안부
위정척사파 76, 77, 131
윌슨 184
유관순 182, 183
육영 공원 132
윤봉길 201, 202, 205, 206
윤치호 77
을미사변 → 명성 황후 시해 사건
을사오적 145, 152
을사조약 142~146, 148~152, 156, 180

의병 24, 27, 111, 148, 152, 179~181, 196, 197
이강년 179, 180
이봉창 200~202
이상설 149
이승훈 181
이양선 36, 39, 40
이완용 145, 152
이위종 149
이준 121, 149, 150, 157
이토 히로부미 27, 145, 151, 153, 180
2·8 독립 선언 184
이하응 30, 32, 33
이하전 33
인현 왕후 42
일본군 위안부 211~213, 215, 216, 222, 223
임오군란 67, 69, 70, 72, 73, 76, 77, 85, 92, 94

장제스 201, 205
전기(電氣) 123~125, 127, 128, 131, 132
전봉준 85, 88, 90, 91, 93, 96~98, 101, 103
전주 화약 93
전차 23, 127, 128, 130~132, 170, 175
전화 23, 82, 125~128, 130~132
정족산성 49, 51, 55, 59
제국주의 15, 38, 52, 54, 74, 75, 113, 148, 149, 184, 213
제너럴 셔먼호 사건 54
제2차 세계 대전 184, 190, 213, 214

제1차 세계 대전 183, 184, 195
조병갑 88, 90
조선 총독부 154, 155, 160, 166, 167, 172, 203, 204
『조선말 큰사전』 206, 207
조선어학회 206
『조선왕조실록』 51, 52
조일수호조규 22, 23
주시경 139
집강소 93

창씨개명 218
척화비 21, 22, 45, 57, 60
철종 30, 32, 34
청산리 대첩 197~199
청일 전쟁 93~95, 100, 105, 107, 145, 146
최시형 86, 87
최익현 76, 131, 148
친일파 94, 99, 100, 107, 110, 145, 152

커피 121, 129, 131

탐관오리 35, 87, 90, 92, 93, 97
태평양 전쟁 191, 216
토지 조사 사업 161, 163, 172, 174, 203

ㅍ

풍양 조씨 33

한국광복군 27, 205
『한국 통사(痛史)』 207, 208
한일 병합 조약 154
홍범도 197, 198
홍영식 66~68, 77, 78, 80, 82
황국 신민 서사 217
황토현 전투 91
흥선 대원군 21, 29~37, 40~45,
    47, 57, 58, 60, 71, 72, 77

참고한 책과 사이트

강만길『고쳐 쓴 한국 근대사』, 창비 2006.
국사편찬위원회, EBS 역사채널ⓔ『역사 e 1~3』, 북하우스 2013.
김기협『해방일기 1~9』, 너머북스 2011~2014.
김윤희『마주 보는 한국사 교실 7』, 웅진주니어 2011.
김은주『석조전』, 민속원 2014.
김종록『근대를 산책하다』, 다산초당 2012.
김진송『서울에 딴스홀을 허하라』, 현실문화 1999.
나채훈 외『인천 개항사』, 미래지식 2006.
남경태『종횡무진 한국사-하』, 그린비 2009.
류시현 외『미래를 여는 한국의 역사 5』, 웅진지식하우스 2011.
박시백『박시백의 조선왕조실록 19~20』, 휴머니스트 2015.
박찬승『한국독립운동사』, 역사비평사 2014.
신명직『모던뽀이, 경성을 거닐다』, 현실문화 2003.
신병주 외『왕실의 혼례식 풍경』, 돌베개 2013.
신용하『일제 식민지정책과 식민지근대화론 비판』, 문학과지성사 2006.
아틀라스 한국사 편찬위원회『아틀라스 한국사』, 사계절 2004.
안창모『덕수궁』, 동녘 2009.
『역사비평』편집위원회『논쟁으로 읽는 한국사 2』, 역사비평사 2009.
유복렬『돌아온 외규장각 의궤와 외교관 이야기』, 눌와 2013.
윤성렬『도포 입고 ABC 갓 쓰고 맨손체조』, 학민사 2004.
이경민『경성, 사진에 박히다』, 산책자 2008.
이동미『강화도』, 주니어김영사 2012.
이연식『조선을 떠나며』, 역사비평사 2012.
이이화『전봉준, 혁명의 기록』, 생각정원 2014.
이이화『한국사 이야기 17~22』, 한길사 2015.
이현군『옛 지도를 들고 서울을 걷다』, 청어람미디어 2009.
임기환 외『현장검증 우리 역사』, 서해문집 2010.
정수일『한국 속의 세계-하』, 창비 2005.
천정환 외『식민지 근대의 뜨거운 만화경』, 성균관대학교출판부 2010.
한국근대사학회『한국근대사강의』, 한울 2014.
한국근현대사연구회『한국독립운동사강의』, 한울 2009.
한국생활사박물관편찬위원회『한국생활사박물관 11』, 사계절 2004.
한국정신대문제대책협의회 부설 전쟁과여성인권센터 연구팀『역사를 만드는 이야기』, 여성과인권 2004.
한영우『다시 찾는 우리 역사』, 경세원 2014.
황현『매천야록』, 허경진 옮김, 서해문집 2006.

국사편찬위원회 history.go.kr
문화콘텐츠닷컴 culturecontent.com
우리역사넷 contents.history.go.kr
조선왕조실록 sillok.history.go.kr
한국사데이터베이스 db.history.go.kr
한국역사통합정보시스템 koreanhistory.or.kr

사 진 제 공

강화역사박물관	49면, 56면
국립고궁박물관	147면
국립민속박물관	130면(벽걸이 전화기, 라디오, 서양식 안경, 서양식 화장품, 축음기)
국립중앙박물관	33면, 35면, 40면(흥선 대원군), 200면
굿이미지	28면, 44면
규장각한국학연구원	22면, 62면, 110면, 142면
나눔의집/일본군 '위안부' 역사관	213면
독립기념관	112면(만민 공동회 기록화), 181면, 182면, 190면, 191면, 192면(수갑과 족쇄), 196면, 201면, 207면(『한국 통사』)
동학농민혁명기념관	89면, 96면
문화재청	207면(『조선말 큰사전』의 원고)
배재학당역사박물관	135면, 138면(아펜젤러의 친필 일기)
서울역사박물관	127면
연합뉴스	21면, 45면, 66면, 156면, 158면(부산근대역사관 외관), 175면, 197면, 198면, 210면
전쟁과여성인권박물관	222면, 223면(추모관)
토픽이미지	46면, 104면, 142면
WIKIMEDIA COMMONS	Ryuch 133면

이 책에 수록된 사진 중 일부는 원저작권자를 확보하기 위한 노력에도 불구하고 권리자의 허가를 확보하지 못한 상태로 출간되었습니다. 저작권자가 확인될 시 창비는 원저작권자와 최선을 다해 협의하겠습니다.
All reasonable measures have been taken to secure Korean translation copyright of the photos in this book, but some of them couldn't be legally secured. If the copyright holders appear, Changbi will take responsibility for the use of the photos and discuss the best way of copyright use.

'재미있다! 한국사' 시리즈에 자문해 주신 선생님들

강무석 수원 율전초등학교
강선하 인천 해원초등학교
경현미 양산 소토초등학교
공병묵 인천 서림초등학교
곽형준 창원 토월초등학교
구서준 서울보라매초등학교
구양은 수원 갈곡초등학교
구윤미 대전버드내초등학교
권동근 포항 신광초등학교
권민정 인천원당초등학교
권윤주 광명 하안북중학교
권지혜 부산 연제초등학교
권태완 파주 연풍초등학교
권효정 서울계남초등학교
길혜성 화성 능동초등학교
김경아 경주 아화초등학교
김고은 대구 운암초등학교
김기옥 청주 각리초등학교
김기호 대구 관문초등학교
김나미 대전상원초등학교
김나영 남양주월문초등학교
김명준 안산 덕성초등학교
김문희 대구동부초등학교
김보라 서울 두산초등학교
김보람 제주 도남초등학교
김보미 서울 전농초등학교
김봉준 시흥도원초등학교
김상일 서울천왕초등학교
김선영 안양 호성초등학교
김선혜 인천동수초등학교

김성주 서울 군자초등학교
김성주 포천 선단초등학교
김세왕 인천장도초등학교
김송정 용인 성복초등학교
김수진 인천병방초등학교
김순선 부산 기장초등학교
김시연 양평초등학교
김영희 광주 미산초등학교
김외순 서울천왕초등학교
김윤정 서울 신자초등학교
김은미 수원 효성초등학교
김은형 성남 서현초등학교
김재수 서울 중랑초등학교
김정수 밀양초등학교
김정아 서울삼선초등학교
김정은 서울상일초등학교
김주현 창원 진해웅천초등학교
김지영 서울 가주초등학교
김지인 부천 부인초등학교
김진아 서울가동초등학교
김진영 서울 수색초등학교
김찬경 제주 서귀포초등학교
김취리 서울수암초등학교
김태영 김포 신양초등학교
김행연 용인 산양초등학교
김현경 부산 명덕초등학교
김현랑 광주 장덕초등학교
김현아 광주 매곡초등학교
김현애 서울영림초등학교
김현정 안산 석호초등학교

김현정 광양 옥룡초등학교
김현정 공주 태봉초등학교
김현진 원주삼육초등학교
김혜정 서울 구암초등학교
김희숙 광주 장덕초등학교
나진경 인천안남초등학교
남지은 동해초등학교
노경미 창원 사파초등학교
노하정 안산 시랑초등학교
문재식 해남 서정분교
문철민 순천인안초등학교
문희진 서울언북초등학교
민선경 서울당중초등학교
민지연 대전두리초등학교
박경진 대구 운암초등학교
박길훈 남양주 수동초등학교
박미숙 대구관문초등학교
박미영 부천 상원고등학교
박상휴 파주 해솔초등학교
박선옥 고양 행신초등학교
박선하 서울일신초등학교
박송희 광주 광림초등학교
박수연 동대전초등학교
박순천 서울 상곡초등학교
박연신 서울동교초등학교
박영미 시흥 도일초등학교
박영수 고양 오마초등학교
박은정 안양 호계초등학교
박인숙 서울 숭덕초등학교
박정례 서울발산초등학교

박정순 용인 서원초등학교
박정은 남원용성초등학교
박정환 안양호암초등학교
박주송 대구도원초등학교
박지민 서울언주초등학교
박진환 논산 내동초등학교
박해영 동대구초등학교
박현웅 고양 상탄초등학교
박현주 대구남산초등학교
박혜옥 남양주 진건초등학교
박효진 오산 운산초등학교
방세영 서울천일초등학교
방혜경 안양 관양초등학교
배능재 대전성모초등학교
배현진 남양주 평동초등학교
백미연 상주남부초등학교
백소연 천안 성환초등학교
봉혜영 인천 심곡초등학교
설명숙 군산푸른솔초등학교
설성석 대구태전초등학교
성기범 창원 해운초등학교
손미령 제주 한천초등학교
송유리 인천당하초등학교
송정애 대전갑천초등학교
송지원 서울사당초등학교
송지혜 서울오현초등학교
시지양 파주 장파초등학교
신수민 진천 상신초등학교
신은하 파주 금릉중학교
신주은 인천 소양초등학교

신지영 남양주 진건중학교	이경희 고양 백양초등학교	장병학 김해 진영대창초등학교	최보순 순천 상사초등학교
심은영 고양 송포초등학교	이금자 포천 관인초등학교	장성훈 김천 개령서부초등학교	최영미 서울 면중초등학교
심지선 익산 낭산초등학교	이명진 서울계남초등학교	장영만 완도 보길초등학교	최영선 의왕초등학교
안시현 광주 불로초등학교	이미애 대구운암초등학교	장인화 천안 두정초등학교	최영순 울산 매산초등학교
양미자 부산 연동초등학교	이미옥 상주 백원초등학교	장희영 장흥 회진초등학교	최은경 울산 달천중학교
양선자 고양 일산초등학교	이미정 인천귤현초등학교	전미영 대구 신매초등학교	최은경 청주 덕성초등학교
양선형 고양동산초등학교	이상화 남양주 진건초등학교	전영희 동해중앙초등학교	최은경 군포초등학교
양유진 서울반포초등학교	이수진 고양 무원초등학교	정금도 진주 봉래초등학교	최정남 담양동초등학교
양정은 당진 원당중학교	이슬기 서울북가좌초등학교	정미나 부산 가야초등학교	최종득 거제 제산초등학교
양해란 화성 숲속초등학교	이애지 서울원신초등학교	정민석 남양주 진건초등학교	최지연 서울 강명초등학교
양혜선 춘천 동내초등학교	이어진 서울 반포초등학교	정수옥 군포 능내초등학교	최혜영 서울강명초등학교
어유경 안양 범계초등학교	이엄지 여주 죽립초등학교	정용석 고양 무원초등학교	하선영 대구 대서초등학교
엄혜진 서울 안산초등학교	이윤숙 가평 조종초등학교	정유정 서울신은초등학교	하영자 부천 범박초등학교
여유경 대전 대덕초등학교	이윤아 광명 하안남초등학교	정윤미 서울오류초등학교	한수희 대전성천초등학교
염선일 오산원일초등학교	이윤진 서울조원초등학교	정인혜 부천 부인초등학교	한은영 안산 선부초등학교
오선미 대전목양초등학교	이은경 서울 월계중학교	정지운 삼척초등학교	한주경 인천 부원여자중학교
오해선 거제 진목초등학교	이은숙 홍성 덕명초등학교	정하종 아산 용화초등학교	한지화 전주인후초등학교
우경숙 서울구로초등학교	이재숙 의왕 백운초등학교	정혜선 인천 공촌초등학교	함욱 시흥 함현초등학교
유경미 고양 무원초등학교	이재형 서울 영훈초등학교	조동화 서울 광성해맑음학교	홍성대 부산 삼덕초등학교
유다영 구리 구룡초등학교	이종화 남양주 진건초등학교	조미경 대구 운암초등학교	홍정기 남양주 진건초등학교
유소녕 서울아현초등학교	이준미 부산 신덕초등학교	조미숙 서산 부성초등학교	홍현정 대구 불로초등학교
윤민경 대구 강북초등학교	이준엽 남양주 진건초등학교	조민섭 포항 연일초등학교	황기웅 해남서초등학교
윤선웅 시흥 군서초등학교	이진영 서울 공릉초등학교	조은미 통영 진남초등학교	황성숙 화성 반송초등학교
윤영란 대전버드내초등학교	이현주 남양주 진건초등학교	조은희 서울 문성초등학교	황정임 양산 신양초등학교
윤영옥 화천 상승초등학교 노동분교	이형연 영광 백수초등학교	조한결 남양주 진건초등학교	황지연 김포 감정초등학교
윤일호 진안 장승초등학교	이형경 서울숭미초등학교	조한내 광명 광문초등학교	황혜민 김포 신곡초등학교
윤창희 시흥신천초등학교	이효민 남양주 장내초등학교	조형림 수원 곡정초등학교	*2014년 기준 소속 학교 표시
윤혜선 용인초등학교	임미영 천안 불당초등학교	진주형 김해 구봉초등학교	
윤혜자 화성 배양초등학교	임정은 의정부중앙초등학교	진현 수원 황곡초등학교	
이경진 울산 신복초등학교	임행숙 광양 옥룡초등학교	천진승 김해 생림초등학교